의료

생각이 크는 인문학_의료

지은이 조동찬
그린이 이진아

1판 1쇄 인쇄 2023년 4월 6일
1판 1쇄 발행 2023년 4월 14일

펴낸이 김영곤
키즈사업본부장 김수경
에듀3팀 이영애 박시은
아동마케팅영업본부장 변유경
아동마케팅1팀 김영남 황혜선 황성진 이규림 정성은
아동마케팅2팀 임동렬 이해림 안정현 최윤아
아동영업팀 한충희 강경남 오은희 김규희
디자인팀 이찬형

펴낸곳 (주)북이십일 을파소
출판등록 2000년 5월 6일 제406-2003-061호
주소 (우 10881) 경기도 파주시 회동길 201(문발동)
연락처 031-955-2100(대표) 031-955-2177(팩스)
홈페이지 www.book21.com

ⓒ 조동찬, 2023

ISBN 978-89-509-2375-4 43190

• 제조자명 : (주)북이십일
• 주소 및 전화번호 : 경기도 파주시 회동길 201(문발동) / 031-955-2100
• 제조연월 : 2023.04.
• 제조국명 : 대한민국
• 사용연령 : 8세 이상 어린이 제품

생각이 크는 인문학

24 의료

글 조동찬
그림 이진아

을파소

목차

머리글 8

5장

의료 불균형 없는 세상을 만들 수 있을까?

의료의 가치를 통해 깨닫는 생명의 소중함

"선생님, 목이… 너무 말라요. 차가운 물… 한 모금만… 주세요." 외과 중환자실에 누워 있던 한 환자가 힘겹게 저에게 말했습니다. 그때 저도 의사였지만, 환자를 담당하는 주치의의 허락 없이 물을 줄 수는 없었어요. 저는 곧바로 주치의를 찾아가 환자에게 차가운 물을 주어도 괜찮을지 물었습니다. 주치의는 저에게 이렇게 대답했습니다. "환자분이 매우 위독한 상태예요. 그분이 입으로 물을 마시다가는 자칫 다른 질병이 생길 수 있어요. 면역력도 많이 약해진 상태라 다른 질병이 생기면 그분의 생명이 무척 위험해질 거예요. 게다가 그 환자분에게 필요한 수분은 지금도 수액으로 충분히 보충되고 있고요. 그분에게 물을 절대로 주시면 안 됩니다." 다음 날 새벽, 그 환자분은 안타깝게도 세상을 떠나셨습니다. 며칠 후쯤 저는 환자분들의 의무 기록

8

과 필름을 정리하다가 이런 생각이 들었어요. 환자가 시원한 물 한 모금을 간절히 원하는데, 그 물이 만약 환자의 생명을 앗아갈 수 있다면 의사는 어떤 선택을 해야 하는 걸까요? 여러분은 어떻게 생각하시나요?

병원에서 의사로 일하던 저는 그 후 방송국 보도 본부의 기자가 되었습니다. 우리나라 의료 복지에 대해 취재를 하려고 저는 오랜만에 모교를 찾아갔어요. 그때만 해도 저는 우리나라 곳곳에 공공병원을 더 많이 세워야 한다고 생각했습니다. 그런데 은사님께서 하신 말씀을 듣고 저는 생각이 달라졌지요. "조동찬 기자, 수술이 필요한 사람은 수술비가 싼 병원을 찾기보다는 자신에게 필요한 수술을 해 줄 수 있는 의사를 찾는다는 걸 알아야 해요." 이 말을 곰곰이 돌이켜 보니 '누구나 생명을 가장 소중하게 여긴다'는 뜻이 숨어 있었습니다. 생명을 살리는 데는 병원비가 얼마인지보다 병원의 시설과 의료진의 실력이 더 중요하니까요. 병원마다 의료 시설이나 환경은 다 다르지만, 사람의 생명은 모두 똑같이 소중한 것입니다.

여기서 좀 더 깊은 질문을 해 볼까요? 응급실에 수술이 급한 3명의 환자가 동시에 들어왔다고 상상해 봅시다. 3명의 환자는 나이도 성별도 달라요. 하지만 같은 병을 앓고 있어요. 이럴 때 의료인은 어떤 환자부터 수술할지 결정해야 하는데요. 응급실에서 치료 순서는 어떤 기준으로 정하는 것인지 이 책에서 다룰 겁니다.

뉴스나 유튜브 광고에서 해외 의료 봉사를 하는 의료진을 본 적이 있을 거예요. 아프리카나 동남아시아 등 의료 서비스 수준이 낮은 지역에 지금도 수많은 의료진이 방문해 봉사합니다. 그런데 이런 의료 봉사가 그 지역에 도움이 되기는커녕 도리어 피해를 줄 수도 있습니다. 외국인이 지은 아프리카의 커다란 병원은 몇 년 지나지 않아 흉물스러운 폐건물이 되고 말았어요. 게다가 무료 해외 의료 봉사팀이 해마다 아프리카나 동남아시아를 방문하는 바람에 그곳의 자체 의료 시스템 발전은 오히려 더 늦어지고 있습니다. 더 많은 생명을 구하고 싶다는 소중한 마음이 실제로 도움이 되려면 어떤 방법이 좋을까요? 이 물음은 뒤쪽에서 좀 더 자세히 다루도록 하겠습니다.

대개 의료인이라면 의학 지식을 잘 익히고 어려운 사람을 돕는 따뜻한 마음만 지니면 될 것 같지만, 이것만으로는 좋은 의료인이 되긴 어렵습니다. 때로는 의학 지식을 벗어나 환자의 존엄한 죽음에 대해 고민해야 하고, 선한 마음으로 베푼 의료 봉사가 세상에 정말 도움이 되는지 냉정하게 따져야 해요. 환자의 생명을 연장할 것인지 환자의 고통을 줄일 것인지 선택해야 하는 순간도 피할 수 없지요. 물론 어떤 선택이든 정답은 없을 겁니다. 세상 사람들의 가치관과 처한 상황이 모두 다르니까요. 이런 까닭에 의사를 비롯한 의료인은 이미 알고 있는 정답을 내놓는 직업이 아니라, 정답을 찾아가는 직업이 아닌가 싶습니다. 『생각이 크는 인문학』 의료 편을 읽으며 생명을 구하는 의료인뿐만 아니라 우리 모두를 위한 의료에는 무엇이 필요할지 함께 고민해 볼까요?

2023년 4월

조동찬

의료인에게 필요한 건 자격증만이 아니라고?

여러분은 '의료'라는 말을 들으면 무엇이 떠오르나요? 병원이나 아픈 사람을 치료하는 의사, 간호사가 떠오른다고요? 그렇다면 여러분은 이미 의료의 뜻을 알고 있는 거예요. 의료는 상처나 병을 의술로 고치는 일을 뜻하는데, 이처럼 의료하는 사람을 '의료인'이라고 합니다. 우리나라에서는 보건복지부장관의 면허를 받은 의사, 치과의사, 한의사, 임신부의 출산을 돕고 신생아를 돌보는 조산사, 간호사를 '의료인'으로 정하고 있어요. 생명을 다루는 의료인은 반드시 국가시험에 합격하여 전문 자격을 갖추어야만 하지요. 예를 들어 의사와 간호사가 되려면 각각 의사 면허증과 간호사 자격증이 꼭 있어야 해요. 치과의사, 한의사, 조산사도 마찬가지입니다. 아무나 사람의 생명을 함부로 다루어서는 안 되니까요. 그런데 의료인이 갖추어야 할 건 단순히 의학

교과서 속 의료 지식뿐만은 아닙니다. 물론 누구나 국가시험에 합격하면 의료인이 될 수 있어요. 그렇지만 좋은 의료인이 되려면 이보다 더 필요한 능력이 있습니다. 과연 무엇일까요?

뇌종양*에 걸린 어떤 환자를 예로 들어 보겠습니다. 이 환자는 뇌종양 때문에 발작을 일으키며 쓰러지곤 했는

> ★ **뇌종양** 뇌 속 세포가 비정상적으로 증식해서 발작을 일으키거나 의식을 흐리게 해 생명을 단축시킬 수 있는 무서운 질환.

데, 그렇게 사는 건 인간답지 못한 삶이라고 생각했어요. 언제 발작을 일으킬지 몰라 늘 불안에 떨었지요. 또 발작으로 쓰러질 때면 주변 사람의 도움 없이 혼자서는 일어설 수 없었어요. 가족들이 늘 환자 주변에 있어야만 했지요. 이 환자는 단순히 수명을 연장하는 것보다 스스로 더 인간다운 삶을 살고 싶어서 뇌종양 제거 수술을 받고 싶어 했습니다. 그런데 주치의인 신경외과 전문의는 선뜻 뇌종양 수술을 권할 수가 없었어요. 왜 그랬을까요? 대개 뇌종양이 발견되면 신경외과 수술을 받아야 합니다. 그런데 반대의 경우도 있습니다. 뇌종양 수술을 받으려면 4시간 이상 전신 마취를 해야 하는데 심장과 폐가 전신 마취 상태를 견디지 못하면 수술 도중 환자가 목숨을 잃을 수도 있거든요. 이런 까닭에 신경외과 전문의는 뇌종양을 제거하는 것이 환자의

생명을 더 연장하는 것인지 반대로 환자의 삶을 더 줄이는 것인지 정확하게 계산해서 수술 여부를 결정해야 합니다. 그런데 현실에서는 이러한 의학적 계산대로 결정되지 않는 경우가 종종 있습니다. 뇌종양 수술을 하지 않았을 때 환자가 얼마 동안 생존할 수 있을지도 알 수 없고요. 이를 '의학적 불확실성'이라고 합니다. 이러한 상황에서 불확실한 수술의 위험성을 감수하고 수술받고자 하는 강력한 의지가 있는 환자에게 의사는 어떤 진단을 내려야 할까요?

주치의인 신경외과 전문의는 뇌종양 수술을 집도*했습니다. 주치의는 분명 의학 교과서의 지침을 어겼습니다. 그 대신 환자가 마지막까

> ★ **집도** 수술이나 해부를 하기 위하여 수술칼을 잡음.

지 존엄하게 살고 싶은 마음과 가족을 위하는 환자의 마음을 받아들였습니다. 의사가 환자의 의사를 존중했지만, 의학 교과서의 내용을 어겼으니 이 사례는 잘못된 수술일까요? 여러분의 생각은 어떤가요?

흔히 똑똑하기만 하면 누구나 의사가 될 수 있다고 생각합니다. 하지만 그렇지 않아요. 날마다 새롭게 쏟아지는 의학 지식을 익히려면 무엇보다 성실해야 합니다. 게다가 의사의 치료는 환자가 건강을 회복하는 데 도움이 되어야 해요. 그러려면 의사는 환자를 바라보는 따뜻한 마음을 지니고

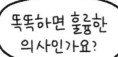
똑똑하면 훌륭한 의사인가요?

글쎄… 의사는 반드시 갖춰야 할 덕목이 있어.

성실함

끊임없이 새로운 의학 지식을 공부하는 성실함이 있어야 하고

따뜻한 마음

환자를 따뜻한 마음으로 바라보아야 해.

진심 어린 소통

그리고 환자와 진심으로 소통하려는 마음가짐은 모든 의료인이 갖춰야 할 중요한 덕목이지.

있어야 합니다.

이는 의료 소송 사건에서도 명확하게 드러납니다. 의사의 처치가 잘못됐다고 느낄 때 환자가 법으로 의사의 잘못을 묻는 것을 '의료 소송'이라고 합니다. 보통 의료 소송을 당하는 의사는 유명하지 않은 병원에서 근무하거나 오진이나 실수, 과잉 진료를 많이 하는 의사라고 생각하기 쉽습니다. 그런데 미국의 의료 소송 전문 변호사 앨리스 버킨은 의료 소송이 의사의 실수나 오진, 과실 때문이 아니라고 말했어요. 의사에게 소송을 거는 대부분의 환자는 의사와 대화가 잘 되지 않음을 소송 이유로 꼽았지요. 주치의가 환자를 온전히 이해하지 않고 의사의 뜻대로 치료했다는 거예요. 미국에서는 환자와 진심으로 소통한 의사는 설령 오진이나 실수를 하더라도 의료 소송에 휘말리는 일이 적다고 합니다. 이처럼 의료인이 갖추어야 할 중요한 덕목 중 하나는 환자와 진심으로 소통하려는 의료인의 마음가짐입니다.

누구나 의료인이 될 수 있을까?

2019년 말부터 시작된 코로나19(COVID-19) 사태로 전 세계가 고통을 겪었습니다. 코로나19는 새로운 바이러스라서 이 감염병이 처음 나타났을 때 어떤 백신*도 치료약도 없었거든요.

　이와 비슷한 상황은 소설 속에서도 찾아볼 수 있어요. 1997년에 출간된 미국

> ★ **백신** 매우 약하게 만든 어떤 바이러스나 세균의 한 종류로 몸속에 주입하면 전염병에 맞서 싸울 수 있는 물질.

소설가 로빈 쿡의 『제3의 바이러스』에 등장하는 이야기입니다. 한 대학생이 어떤 물건에 찔린 후 기침과 고열 등 독감 증세를 보이는데, 그 이후 비슷한 증세가 다른 사람들에게서도 나타납니다. 조사해 보니 독감 증세의 원인은 외계에서 지구로 들어온 새로운 바이러스였어요. 이 소설은 코로나19가 사람들 사이에서 유행하기 시작했던 때와 아주 비슷한 상황을 그리고 있습니다. 로빈 쿡이 20년이 넘는 세월을 내다본 걸까요? 『제3의 바이러스』를 쓴 로빈 쿡의 본래 직업은 의사입니다. 로빈 쿡처럼 의사면서 다른 일도 하는 사람들이 많습니다. 1980~1990년대에 발매된 가수 '동물원'의 〈시청 앞 지하철역에서〉와 〈혜화동〉이라는 노래를 아시나요? 〈혜화동〉은 2015년에 방영된 드라마 〈응답하라 1988〉의 삽입곡으로도 유명하지요. 이 곡을 직접 만들고 부른 가수 김창기 씨는 정신건강의학과 전문의*입니다. 가수로서 곡

> ★ **전문의** 의학 여러 분야 중 한 분야를 전문으로 담당하는 의사를 이르는 말.

을 만들고 노래도 부르는 동시에 의사로서 환자를 치료하지요. "진정한 혁명가는 위대한 사랑으로 인도한다"는 말을 남긴 쿠바의 혁명가 체 게바라(1928~1967)도 본래 직업은 의사였어요. 저처럼 우리나라 방송국의 보도국에서 일하는 의학전문기자도 모두 신경외과, 정신건강의학과, 가정의학과 등 다양한 분야의 전문의 출신입니다.

로빈 쿡이나 체 게바라와 같이 의사로서 일하다 작가, 혁명가 등 다른 일도 하는 것처럼 반대의 경우도 있어요. 학교에서 국어를 가르치는 선생님, 전자 회사에서 반도체를 만들던 공학자, 음대 성악과를 졸업한 소프라노 가수가 의과대학에 입학해 의사의 길을 걷기도 합니다. 이처럼 의사가 여러 가지 직업을 겸하거나 선생님이나 공학자가 의사가 된 사례를 보면 의사가 될 수 있는 사람이 따로 정해져 있는 것 같지 않아요.

여러분에게 특별히 소개하고 싶은 의료인이 있습니다. 세계 최고의 존스 홉킨스 병원에서 재활의학과 수석 전공의가 된 이승복 씨예요. 이분은 여덟 살 때인 1973년에 미국으로 이민을 갔는데요. 열여덟 살 때까지만 해도 미국 올림픽 예비군단의 최고 선수로 인정받는 체조 선수였어요. 그런데 열아홉 살 되던 해에 훈련하다가 그만 사고를 당해 온

몸이 마비되어 장애인이 되었습니다. 하지만 이승복 씨는 깊은 절망 속에서도 '환자가 원하는 의사'가 되고 싶다는 꿈이 생겼다고 해요. 남보다 느리지만 어떤 어려움에도 꺾이지 않고, 굳은 의지로 하버드대 의대에 들어가 인턴 과정을 수석으로 졸업했지요. 의대에 다닐 때 미국 친구들은 'Super Boy'라고 불렀지만, 이승복 씨는 스스로 이렇게 말했다고 해요. "저는 노력을 조금 많이 했을 뿐 슈퍼맨은 아니에요." 의료인이 되는데 가장 필요한 건 꾸준히 노력하는 마음가짐인 것 같죠? 시간이 걸릴 뿐 누구나 의료인이 될 수 있어요.

의료인이 되려면 얼마나 공부해야 할까?

사람의 몸은 구석구석 서로 연결되어 있습니다. 예를 들어 볼게요. 손발이 뻣뻣하고 저린 어떤 환자가 내과를 찾아왔어요. 먼저 의사는 눈으로는 볼 수 없는 환자의 몸 내부 상태를 살펴보기 위해 엑스레이(X-ray)를 찍습니다. 영상의학과 의사가 목 디스크라고 진단하면, 환자는 수술을 받기 위해 신경외과로 가야 합니다. 수술의 마취는 마취통증

의학과에서 담당합니다. 수술을 받은 환자는 근력이 약해져서 재활이 필요하지요. 그래서 재활의학과에서 물리 치료를 받습니다. 우리는 손발이 뻣뻣하고 저린 한 환자의 사례만으로도 내과, 영상의학과, 신경외과, 마취통증의학과, 재활의학과 등 여러 분과를 알 수 있어요. 이처럼 우리 몸은 하나로 연결되어 있어서 의사는 사람의 몸 전체를 공부하고 정확히 알아야 합니다. 그래서 의사가 되기까지 배워야 할 학습량과 학습 기간은 대개 엄청나지요.

우리나라의 의과 대학은 6년제입니다. 의과 대학에 입학하면 의학에 관한 예비지식을 배우는 '의예과' 과정을 2년 동안 거쳐야 합니다. 의예과 과정이 끝나면 비로소 본격적으로 의학 지식을 배우는 '본과' 과정이 시작되지요. 본과 과정은 4년이지만 만약 시험 성적이 좋지 않으면 다음 학년으로 진급하지 못해 더 많은 시간 동안 공부해야 합니다. 최소 6년이라는 긴 시간 동안 의과 대학에서 의학 공부를 마치면 의사 면허증을 습득하기 위해 의사 면허 시험을 준비해야 하지요. 여기서 끝이 아닙니다. 전문의가 되는 과정은 이제부터 시작이거든요.

의사 면허증을 취득하면 병원 의사로서 궂은일을 도맡아 하는 인턴 과정을 1년 동안 수료하고, 신경외과나 소아과 등 한 가지 전문 분야를 선택해 전공의 과정을 3~4년 더 거쳐야 합니다. 전공의 과정을 마친 후에야 비로소 전문의 자격증을 취득할 수 있지요. 저는 전문의 자격증을 취득하고 군대에서 군의관으로 3년 동안 복무했어요. 의과 대학에 입학해 전문의 생활을 하기까지 총 14년이라는 긴 시간이 걸린 거예요.

의과 대학 본과 1학년 때는 몸의 기본 원리를 배웁니다. 그중 하나가 해부학이에요. 해부학은 인체가 어떻게 구성되어 있는지를 살펴보는 과목입니다. 해부학 실습을 위해 사용되는 시신을 '카데바'라고 하는데 카데바를 사용할 때는 기증자의 소중한 마음을 기리며 경건한 마음으로 머리부터 발끝까지 학습해야 합니다. 카데바를 통해 심장에서 나온 혈액이 뇌로 가는 혈관의 경로를 보며 심장이 멎으면 왜 뇌에 산소 부족 현상이 발생하는지 이해하고, 장에서 흡수된 영양분이 간으로 이동하는 것을 보며 독성이 있는 음식을 먹으면 간이 손상되는 이유를 공부하지요.

카데바로 사람의 피부나 뇌세포를 들여다보기도 합니다. 사람의 피부를 현미경으로 확대해서 보면 가장 아래층인 기저층에서부터 가장 바깥쪽에 덮인 각질층까지 총 5개의 층으로 이루어져 있습니다. 우리가 때수건으로 피부를 밀면

나오는 때가 바로 이 각질층이지요. 뇌세포를 현미경으로 보면 신경세포와 이 신경세포를 돕는 세포로 이루어져 있어요. 이 세포들은 평소에 신경세포를 돕다가 뇌가 위기 상태에 빠지면 신경세포 역할을 도맡아 합니다. 식당에서 주방장이 아파서 결근하면 보조 주방장이 음식을 만드는 것처럼 말이지요.

그 밖에도 우리 몸속 호르몬이 어떻게 작용하는지, 여러 장기가 어떤 원리로 작동하는지, 우리가 먹는 음식의 성분인 포도당, 지방, 단백질이 몸속에서 어떻게 분해되는지 등 아주 많은 것들을 배웁니다. 병을 치료하기 위한 약이 몸속에서 어떻게 작용하는지, 세균과 바이러스가 사람의 몸에 어떻게 침입하고 증식하는지도 배우고요. 약물과 관련한 내용을 배우는 약리학 과목 실습 시간에 이뇨제와 알코올이 몸에 미치는 영향을 살피려 의과 대학 학생들은 약을 직접 먹어 보기도 합니다. 소변을 배출시키는 약인 이뇨제를 먹은 학생이 수업이 끝나고 집에 갈 때 지하철 한 정거장마다 화장실을 갔다는 고충을 털어놓기도 했지요.

몸의 기본 원리를 모두 배우고 나면 내과, 외과, 산부인과, 소아청소년과 등 본격적으로 환자의 병을 치료하기 위한 임상 과목을 배웁니다. 실제 환자의 사례를 통해 진단하고 치료하는 과정을 구체적으로 알게 되지요. 임상 과목 중에서 내과 같은 주요 과목은 소화기 내과, 심장 내과, 알레르기 내과, 감염 내과 등 수많은 갈래로 나누어져 있어요. 이 모든 과목을 다 세어 보면 수백 종류나 되지요.

정말로 의과 대학에서 이 많은 걸 다 배우냐고요? 정말입니다! 의과 대학의 중간고사 시험 범위는 수천 페이지에 달해요. 의과 대학 학생들 사이에서는 교과서를 천천히 읽으며 이해할 시간이 부족하니 무조건 외우는 게 공부 비법으로 전수될 정도이죠. 전문의가 되기까지 긴 시간 동안 엄청난 양의 공부를 해야 하니 힘든 건 사실이지만 생명을 다루는 직업이니 당연한 일입니다.

이론 박사와 실습 천재,
누가 더 환자를 잘 진찰할까?

의과 대학 수업 시간에 한 교수님이 학생들에게 문제를 냅니다. "10년 동안 폐렴에 관한 최신 논문을 공부한 학생과 같은 기간 동안 병원에서 실제 폐렴 환자의 엑스레이를 판독한★ 학생 중 어

> ★ **판독하다** 엑스레이, 초음파 등의 영상을 전문의가 진단하는 것.

떤 학생이 폐렴 환자를 더 잘 진찰할까요?" 대다수 학생은 10년 동안 폐렴 환자의 엑스레이를 판독한 학생이 환자를 더 진찰할 거라고 대답했습니다. 제아무리 이론에 강하더라도 실전 경험이 없으면 소용없으니까요.

그런데 교수님은 두 학생 모두 폐렴 환자를 잘 볼 수 없다고 말했습니다. 최신 논문을 통해 공부한 내용을 환자에게 실제로 적용해야 정확히 환자를 진단해 치료할 수 있고, 반대로 매일 환자를 돌보더라도 최신 지식을 공부하지 않으면 자칫 잘못된 처치를 할 수 있기 때문이지요.

감기 환자는 기침을 하고 콧물이 흐르며 때로는 열이 납니다. 그러면 의사는 환자에게 기침약과 콧물약 그리고 열을 내리기 위한 해열제를 처방합니다. 약을 먹은 환자는 증세가 점차 사라져 몸이 편안해집니다. 이것만 보면 감기 환자 정도는 누구나 치료할 수 있겠다는 생각이 절로 들지요.

그런데 코로나19, 결핵, 폐렴 환자가 병원을 방문한다면 어떨까요? 이 병들의 증세도 감기와 아주 비슷하죠. 하지만 코로나19, 결핵, 폐렴을 일으키는 바이러스와 균은 각각 달라서 진단하는 방법이 다르고 각 병명에 알맞은 치료법도 다릅니다. 코로나19로 확인되면 먹는 항바이러스 약이나 항체 주사를 처방하고, 결핵으로 진단되면 결핵약으로 치료

하며, 폐렴이라면 염증을 일으킨 원인균을 또 찾아 그에 맞는 약을 처방해야 합니다.

감기와 같은 기침, 콧물, 발열 증세라도 실제 병명에 따른 진단 방법과 치료법은 제각각입니다. 감기 진단과 치료 방법만 익히고 환자를 보다간 코로나19, 결핵, 폐렴 환자에게 감기약을 처방해 환자가 큰 위험에 빠질 수도 있어요.

배가 아픈 증세도 마찬가지입니다. 찬 음식을 먹거나 변비가 오래되어 배가 아플 수 있고, 위장이나 소장에 염증이 생겨 배가 아플 수도 있습니다. 심한 경우에는 췌장암, 간암 등 생명을 위협하는 병의 증세일 수도 있습니다. 의료인이 가벼운 질병부터 심각한 질환까지 구분하고 진단해 처치할 줄 알아야 환자를 제대로 진찰할 수 있는 거예요.

의료인도 팀워크가 중요하다고?

위암 환자가 수술을 받으려면 미리 심장과 폐, 혈액, 소변 등 여러 검사를 받아야 합니다. 위암 수술 과정을 환자가 견뎌낼 수 있을지 알아보기 위해서인데 심장이 불규칙하게 뛰거나, 허파에 염증이 있거나, 혈액과 소변에서 나쁜 세균

등이 있으면 수술 도중에 목숨이 위태로울 수 있습니다. 심장이 고르게 뛰는지 알아보는 심전도 검사, 허파가 크게 호흡할 수 있는지 알아보는 폐기능 검사, 그리고 혈액과 소변 검사는 임상 병리사가 맡습니다. 임상 병리사는 의사 또는 치과의사의 처방에 따라 환자의 질병을 진단, 치료, 예방하기 위해 환자의 혈액이나 체액, 세포 등의 검사물을 채취하고 검사하는 일을 하는 직업을 말합니다. 암이 얼마나 퍼져 있는지 알아보기 위한 컴퓨터 단층 촬영(CT), 엑스레이 같은 영상 검사는 방사선사가 진행합니다. 방사선사는 암 환자들의 방사선 치료에 직접 참여하기도 합니다. 심장마비 환자가 응급실에 오면 응급 구조사가 전문적으로 심폐소생술*을 하고, 팔이나 다리에 마비 증세가 있는 환자에게는 물리

> ★ **심폐소생술** 심장과 호흡이 갑자기 멎은 상태를 회복시키기 위해 인공 호흡과 체외 심장 마사지를 하는 방법.

치료사가 재활치료를 돕고, 간호 조무사는 간호사를 도와 환자의 처치에 필요한 여러 검사와 약품을 챙깁니다. 이렇듯 병원에서는 의사, 간호사 외에 여러 사람들이 환자의 진단과 치료를 돕습니다.

그래서 병원에서 일하는 여러 직군들의 팀워크는 중요합니다. 뇌수술 과정을 예로 들어 보겠습니다. 뇌수술을 할 때는 머리뼈를 뚫는 수술용 드릴, 수술용 칼, 피를 멈추게

하는 전기 도구 등 여러 수술 도구들이 필요합니다. 수술실 간호사는 뇌수술 의사가 원하는 수술 도구를 충분하게 준비한 뒤 정확한 때에 의사의 손에 수술 도구를 쥐어 줍니다. 이 과정이 어긋나면 어떻게 되냐고요? 수술이 늦게 끝나고, 환자에게 더 큰 고통이 따르게 됩니다. 수술 도중에 바르게 수술이 진행되고 있는지 엑스레이로 확인할 필요가 있는데, 이럴 땐 방사선사가 수술방으로 직접 들어와서 촬영합니다. 수술하면서 환자에게서 떼어낸 어떤 살덩어리가 암인지 단순한 염증인지를 알아내려면 임상 병리사가 살덩어리를 현미경으로 잘 볼 수 있도록 처치합니다. 그런 후에야 이를 판독하는 전문의가 빠르게 진단할 수 있으니까요. 수술 과정에서 필요한 혈액이나 수액, 약품들은 간호 조무사가 발빠르게 준비합니다. 이렇듯 의사, 간호사, 방사선사, 임상 병리사, 간호 조무사 등이 서로 호흡을 잘 맞추어야만 뇌수술을 성공적으로 마무리할 수 있습니다. 의료인의 팀워크는 환자를 잘 치료하는 데 매우 중요합니다.

〈히포크라테스 선서〉와 〈제네바 선언〉

의과 대학 학생들은 의사가 되기 전 의사로서의 마음가짐을 다지는 의식을 치릅니다. 이 의식을 히포크라테스 선서 서약이라고 하지요. 고대 그리스에서 의사로 활동했던 히포크라테스(B.C.460~B.C.377 추정)는 흔히 의학의 아버지라고 불립니다. 〈히포크라테스 선서〉에는 의사가 갖추어야 할 자격과 윤리 등이 적혀 있습니다. 기원전 5세기에 만들어진 파피루스에 이 선서 내용이 적혀 있는 것으로 알려졌는데, 정말 히포크라테스가 작성한 것인지는 알 수 없다고 합니다.

〈히포크라테스 선서〉는 너무나 오래전에 만들어진 탓에 현시대와 맞지 않는 부분이 많았어요. 그래서 1948년 9월, 전 세계의 의사들이 스위스 제네바에 모여 히포크라테스 선서를 오늘날에 맞게 수정했지요. 의학 지식뿐만 아니라 의료에 관한 사람들의 생각도 계속해서 바뀌기 때문입니다. 이를 〈제네바 선언〉이라고 하는데 이후 1968년 호주 시드니에서 개최된 세계 의학 협회에서 수정한 뒤 2006년에 세계보건기구(WHO, World Health Organization)가 주도하여 진행된 국제적인 협의를 통해 발표되었어요.

히포크라테스 선서 서약에서 의과 대학 학생들이 낭독하는 〈히포크라테스 선서〉는 사실 〈제네바 선언〉입니다. 의사는 스승과 동료를 서로 신뢰하며 돕고, 환자의 목숨을 최우선으로 삼아 환자의 국적이나 인종을 따지지 않으며, 환자의 민감한 개인 정보를 누설하지 않아야 한다는 내용으로 요약됩니다.

〈제네바 선언〉에서 가장 중요한 윤리는 생명 존중이에요. 그러나 이를 지키려면 생명보다 돈만 중시하는 집단이나 나쁜 정치인에게 맞서야 합니다. 그리고 의사는 환자가 외국인이거나 국적이 없더라도 치료해 주어야 해요. 또한 자신에게 치료받은 환자의 병명이나 처방 목록 등에 대해서 의사는 비밀을 지켜야 합니다.

헉! 이거 히포크라테스 선서 아니었어?

응! 그게 5세기에 만들어진 거라 내용이 영 현시대에 맞지 않아서…

〈제네바 선언〉

이제 의료 전문직의 일원으로 진입하면서,

나는 나의 생애를 인류 봉사에 바칠 것을 엄숙히 서약합니다.

나는 나의 스승들의 은혜에 존경과 감사를 드리겠습니다.

나는 양심과 존엄을 가지고 진료에 임하겠습니다.

나는 환자의 건강을 최우선으로 생각하겠습니다.

나는 환자가 나에게 남긴 비밀을 환자가 사망한 다음까지도 존중하겠습니다.

나는 나의 권한에 속한 모든 수단을 써서 의료전문직의 명예와 고귀한 전통을 지키겠습니다.

나는 동료들을 나의 형제자매로 여기겠습니다.

나는 연령이나 질병 또는 장애, 탐욕, 출신 민족, 성별, 국적, 정치적 소속, 인종, 성적 지향, 사회적 지위 등 다른 어떤 요인도, 환자에 대한 나의 의무 수행에 개입하지 않도록 하겠습니다.

나는 언제나 인간 생명을 최고로 존중하겠습니다.

나는 위협을 당하더라도, 나의 지식을 인권과 시민의 자유를 침해하는 데에 사용하지 않겠습니다.

나는 나의 명예를 걸고, 나의 자유의사에 따라, 이상의 내용을 엄숙하게 서약합니다.

2장

의료가 발달하기 전
인류의 삶은 어땠을까?

16세기 프랑스에선 이발사가 외과 수술을 했다고?

프랑스 파리 대학의 한 도서관에는 16세기 프랑스의 왕이었던 앙리 2세 (1519 ~1559)가 수술받는 장면을 묘사한 그림이 전시되어 있습니다. 이 그림에는 사람이 여러 명 등장합니다. 의자에 기대

BIU Santé©

어 누워 있는 앙리 2세와 앙리 2세의 얼굴 아래쪽에 난 상처를 수술하는 사람, 수술을 집도하는 사람 옆에서 물병과 거즈*로 보이는 천이 놓인 쟁반을 들고 서 있는 사람, 그리고 이 모든 과정을 지

켜보는 사람이 있지요.

이 그림에서 의사는 누구일까요? 당연히 상처를 수술하는 사람 아니냐고요? 놀랍게도 그림 속 의사는 바로 수술 과정을 지켜보는 사람이에요. 앙리 2세의 수술을 집도하는 사람은 이발사인 앙브루아즈 파레(1510~1590)입니다. 파레는 이발사로서 외과 수술을 시작했지만, 이후에는 전쟁터에서 병사들을 치료하는 군의관을 거쳐 전문 외과의로 일했지요.

오늘날 외과 의사가 하는 수술을 16세기 프랑스에서는 왜 이발사가 집도했을까요? 그 이유는 두 가지로 추정됩니다. 첫째, 기원전 5세기에 만들어진 〈히포크라테스 선서〉에서는 의사가 환자에게 수술하는 것을 금지했습니다. 극심한 통증에 시달리는 응급 환자라도 말이죠. 당시 사람들은 피와 고름을 뽑고 피부를 꿰매는 행위를 점잖지 못하다고 여겼어요. 의사는 환자의 진료와 약 처방만 하고 수술은 이발사에게 맡겼지요. 수술은 사람의 생명을 살리는 중요한 의료 행위인데도 당시에는 사람들의 편견 때문에 그 가치를 인정받지 못했던 거예요. 우리나라도 조선 시대까지는 소나 돼지 등 가축을 도축하는 사람을 백정이라고 부르면서 가장 낮은 사회 계층으로 분류했는데, 이 역시 잘못된 편견입니다.

두 번째 이유로는 이발사들이 가위나 칼로 머리를 깎거나 수염을 다듬는 등 평소에 칼을 능숙하게 잘 다루었기 때문이에요. 수술은 병든 부위를 가위로 잘라 내거나 고름이 가득 찬 신체 부위를 칼로 도려내야 하는 일인데 평소에 칼을 잘 다루는 이발사가 이 일을 잘 해냈던 거예요.

지금은 찾기 어려워졌지만 10여 년 전만 해도 이발소 간판 옆에 걸려 있는 3색 표시등을 흔히 볼 수 있었어요. 3색 표시등은 빨간색, 흰색, 파란색의 면이 비스듬한 결을 이루며 회전합니다. 마치 하늘로 올라가는 것처럼 보이는 기둥을 대야 같은 그릇이 밑에서 받치고 위에는 빨간 통이 덮여 있지요. 3색 표시등의 빨간색은 붉은 피, 흰색은 하얀 치아나 뼈, 파란색은 머리카락과 수염을 뜻합니다. 기둥을 받치는 아래쪽 그릇은 과거 피를 받아 내는 데 사용했던 그릇을, 위쪽 빨간 통은 피를 굳지 않게 하는 거머리를 두었던 통을 상징해요.

거머리는 동물의 피를 빨아 먹고 살아가는 동물입니다. 사람도 거머리에게 물릴 수 있어요. 바지를 걷고 냇물에서 놀다 보면 다리에 까만 거머리가 붙어 있을 수 있는데 거머리를 떼어 내면 그 자리에 피가 나고 한동안 멈추지 않아요. 거머리가 계속해서 피를 빨아먹기 위해 '헤파린'이라는 액체

를 분비하기 때문이에요. 오늘날 헤파린은 수술 후 피가 굳는 현상을 막는 데에 흔히 사용됩니다.

3색 표시등 색상의 의미에 관한 또 다른 분석에 따르면 빨간색은 동맥혈, 파란색은 정맥혈, 흰색은 붕대를 의미한다고 합니다. 심장에서 바로 나오는 피를 동맥혈이라고 하는데 동맥혈은 산소가 많아서 붉게 보여요. 반대로 심장으로 들어오는 피인 정맥혈은 산소가 적어서 푸르게 보이죠. 정맥혈이 흐르는 혈관인 정맥도 마찬가지로 푸르스름한 색을 띠어요. 정맥혈은 피가 흐르는 혈관의 압력이 낮아서 피가 나더라도 쉽게 멈출 수 있지만, 심장에서 바로 뿜어져 나오는 동맥혈은 압력이 높아서 인위적으로 멈추기 어려워요. 옛날 이발사들은 이런 과학적 원리를 어떻게 알았던 걸까요? 비록 옛날 이발사들이 과학적 원리를 공부하지는 않았지만, 오랫동안 환자의 몸을 관찰하여 자연스럽게 알게된 걸까요?

옛날에는 세균을 몰랐다고?

지금으로부터 약 500년 전 프랑스에서는 의사 대신 이발사가 외과 수술을 했어요. 그런데 오늘날에는 과거에 이발사의 수술을 지켜만 봤던 외과 의사가 외과 수술을 합니다. 그 이유는 뭘까요?

과거 이발사와 달리 오늘날 외과 의사는 눈에 보이지 않는 미생물과 세균을 잘 관리할 수 있는 능력이 있기 때문이에요. 이발사가 외과 수술을 담당했던 과거에는 머리카락을 잘라 내듯이 피부의 썩어 가는 상처를 칼로 도려내면 그만인 줄 알았는데 그렇지 않았습니다. 이발사의 수술로 상처가 낫는 사람도 있었지만, 오히려 상처 부위가 더 나빠져 생명을 잃는 사람이 더 많았거든요. 칼과 가위에 묻어 있거나 상처 부위에 남아 있던 세균이 번식해 상처를 덧나게 한 거예요. 심지어는 환자의 혈액에 침투*한 세균이 혈관을 타고 온몸에 퍼져 심장이나 폐, 뇌에 염증을 일으키기도 했지요.

> ★ **침투** 세균이나 병균 등이 몸속에 들어옴.

앙리 2세의 외과 수술을 했던 이발사 파레는 군인이 총상을 입었을 때 총알을 빼낸 후 상처 부위에 뜨거운 기름을 부으면 상처가 더 잘 낫는다는 걸 경험을 통해 알았습니다. 이 뜨거운 기름으로 상처를 치료하는 방법이 널리 퍼지면서 많은 사람들이 목숨을 구했지만, 당시 사람들은 왜 뜨거운 기름을 부으면 상처가 더 잘 낫는지 몰랐지요. 이유가

밝혀진 건 그로부터 100여 년이 지난 후였습니다.

1673년 안톤 판 레이우엔훅(1632~1723)이라는 네덜란드 박물학자는 자신이 만든 렌즈로 빗물, 하수, 오염수 등을 관찰하며 작은 생물이 존재한다는 걸 알아냈습니다. 이 생물은 오늘날 '세균'으로 불리지요. 세균에 오염되면 상처가 덧나고 반대로 세균이 잘 자라지 못하는 환경을 만들면 상처가 잘 아물어요. 뜨거운 기름을 상처 부위에 부으면 열에 약한 세균이 잘 자라지 못해 상처가 잘 나았던 거예요.

『조선왕조실록』을 보면 종기로 고생하던 정조*가 고약을 붙여 잘 나았다는 이야기가 나옵니다. 고약은 피부가 곪은 자리에 붙이는 까만 약이에요. 고약을 불로 뜨겁게 데워 상처 부

> ★ 정조(1752~1800)
> 조선 후기 문화의 황금시대를 이룬 조선의 제22대 왕.

위에 붙이지요. 고약 역시 열로 세균을 죽이는 원리를 이용한 거예요.

감기에 걸렸을 때 몸에서 열이 나는 것도 마찬가지입니다. 열에 약한 바이러스를 죽이기 위해 우리 몸속의 면역 세포들이 열을 만들어 내는 거예요. 하지만 열이 너무 많이 오르면 감기 바이러스와 함께 몸속 세포까지 죽을 수도 있어요. 그래서 열이 많이 날 땐 열을 내리는 해열제를 먹지요. 흔히 열은 무조건 나쁘다고 생각하기 쉽지만, 만약 우리 몸

에서 열이 나지 않는다면 오히려 바이러스나 세균에 감염됐을 때 더 위험해질 거예요. 의사가 해열제를 신중하게 처방하는 데에는 이런 이유가 숨겨져 있습니다.

그러나 이 모든 것은 바이러스나 세균의 존재를 알고 몸의 면역학을 배워야만 알 수 있습니다. 제대로 된 의학 지식을 갖춘 사람만이 올바른 진단을 할 수 있지요. 오늘날에는 이발사가 아닌 세균을 다스릴 줄 알고 그에 맞는 몸의 면역력을 유도할 줄 아는 의학 지식을 겸비한 외과 의사에게 수술할 자격이 주어지는 것처럼 말이에요.

오늘날 의과 대학에서 정식으로 수학한 외과 의사는 열뿐만 아니라 소독약, 항생제 등으로 피부와 몸속의 세균을 처리합니다. 특히 뇌와 심장에는 작은 세균이라도 침투하면 장기에 염증이 생겨 목숨이 위태로워져요. 뇌를 수술하는 신경외과 전문의와 심장을 수술하는 흉부외과 전문의는 뇌와 심장의 복잡한 구조를 잘 파악하면서도 장기에 세균이 침범하지 않도록 하는 무균적 시술(aseptic procedure)을 감염내과 의사만큼 더 엄격하게 배우지요. 이러한 까닭에 비행기 승객 중 신경외과 또는 흉부외과 전문의가 있으면 "저희 비행기에는 신경외과 및 흉부외과 전문의가 타고 있으니 안심하십시오!"라는 기내 방송을 한다고 합니다.

흑사병을 신이 내린 벌이라고 생각했다니!

유럽 국가 라트비아에서 살라차강 근처를 탐사하던 독일 킬 대학 연구팀은 젊은 여성 1명, 아기 1명, 남성 2명의 유골*을 발견했습니다. 유골의 머리뼈와 치아를 조금 떼어 낸 후 유전자를 분석했더니 이

> ★ 유골 죽은 사람의 뼈.

들은 지금으로부터 5,050~5,300년 전 신석기 시대에 살던 사람들로 확인됐습니다. 남성 한 명은 사망 당시 20~30대로 추정됐는데, 왜 젊은 나이에 요절했을까 궁금했던 연구팀은 추가 연구를 진행했어요. 이 남성은 페스트균이 일으키는 전염병인 흑사병에 걸린 것으로 나타났습니다.

흑사병은 림프절 흑사병과 폐 흑사병, 패혈성 흑사병으로 나뉩니다. 림프절 흑사병은 사타구니나 겨드랑이가 붓고 아픈 증세가 나타납니다. 폐 흑사병은 기침과 가래, 호흡 곤란 증세를 일으키고요. 특히 패혈성 흑사병은 손과 발 그리고 얼굴이 검은빛이 나며 썩는 증세가 나타나다가 사망하는 경우가 많습니다. 이 때문에 이 전염병은 흑사병(黑死病, black death)이라는 이름이 붙여졌지요. 더군다나 림프절 흑사병과 폐 흑사병은 잘 낫지 않으면 패혈성 흑사병으로 더 심각해졌습니다.

14세기 유럽에서 흑사병으로 사망한 사람은 몇 명이나 될까요? 한 통계에서는 당시 전체 유럽 인구 3명 중 1명은 흑사병으로 목숨을 잃었을 거라고 합니다. 이는 가족 중 1~2명이 흑사병으로 목숨을 잃었다는 말이니 전쟁만큼이나 흑사병이 두려웠을 거예요. 당시 유럽 사람들은 흑사병을 신이 내린 벌이라고 생각했어요. 공포는 이성적인 판단을 흐리게 하거든요. 교회를 다니는 사람들은 그리스도상, 마리아상 등을 흑사병을 막는 부적으로 사용했어요. 교회를 다니지 않는 사람들도 미신을 따랐는데 향수나 식초를 몸에 바르면 흑사병에 걸리지 않는다고 믿었지요. 문제는 당시 사회 지배층이었던 종교 지도자가 흑사병을 하나님의 심판이라고 생각했다는 겁니다. 1350년 교황 클레멘스 6세(1291~1352)는 로마를 순례하면 모든 죄를 용서받기 때문에 죽어서 천국으로 갈 수 있다고 말했어요. 그래서 흑사병 환자들은 로마로 가는 게 흑사병으로부터 목숨을 구할 수 있는 유일한 희망이라 생각했지요. 당시 로마에 무려 100만 명이 넘는 사람들이 모였다고 합니다. 감염병은 사람이 많이 모이면 더 잘 퍼지니 이때부터 흑사병의 전파 속도가 더 빨라졌지요. 잘못된 흑사병 치료법도 등장했습니다. 흑사병을 신이 내린 벌이라 여겼던 사람들은 자기 몸을 채찍질

해서 신의 분노를 가라앉힐 수 있다고 생각했어요. 이 치료법은 여러 사람이 모여 수행의 형태로 진행됐는데, 낮에 두 번, 밤에 한 번씩 옷을 벗고 자신의 몸에 스스로 채찍질을 했던 것이죠. 흑사병 유행이 심할 때는 수행자가 무려 약 80만 명에 달했다고 합니다.

21세기인 지금도 흑사병은 존재합니다. 2020년, 중국 네이멍구 자치구 지역 3곳에서 흑사병 환자가 발생했어요. 이들은 설치류의 일종인 마멋을 사냥해 고기를 먹은 뒤 흑사병 증상을 보였습니다. 흑사병은 원래 토양 속에 사는 페스트균이 일으키는 감염병입니다. 그런데 이 페스트균은 쥐벼룩에 가장 먼저 옮겨 가는 것으로 알려져 있어요. 페스트균은 주로 설치류를 감염시키지만, 사람을 비롯해 개나 고양이 등 200종이 넘는 다른 포유류 동물에게 전파될 수도 있지요. 페스트균에 감염된 쥐벼룩이 묻어 있는 쥐나 마멋 등 야생 설치류에 사람이 가까이 갔을 때 쥐벼룩이 사람에게 튀어 올라가 물면 감염됩니다. 감염된 쥐의 똥오줌이나 체액 등을 통해서도 옮을 수 있고, 사람과 사람 사이에서도 페스트균이 전파될 수 있어요. 흑사병 환자가 기침이나 재채기를 하면 작은 침방울이 공기 중에 떠다니는데 이를 어떤 사람이 들이마시면 감염될 수 있지요.

중세 유럽에서 흑사병을 신이 내린 벌이라고 생각한 건 과학적 지식이 부족했기 때문입니다. 그러나 흑사병의 원인과 감염 경로를 알게 된 오늘날 흑사병은 더는 공포의 대상이 아니에요. 흑사병은 항생제로 재빨리 치료하면 잘 낫거든요.

그런데 과학이 발달한 오늘날에도 과학적 근거를 무시하고 잘못된 개인의 생각이 마치 사실인 양 널리 퍼지는 경우가 있습니다. 이를 유사 과학이라고 합니다. 1990년대 말, 일본의 한 작가가 물에게 좋은 말과 음악을 들려주면 물의 모양이 변해 건강한 물로 바뀌고, 반대로 나쁜 말과 시끄러운 음악을 들려주면 건강에 나쁜 물로 변한다고 주장했어요. 얼핏 그럴듯하게 들리지만, 사실이 아닙니다.

유사 과학은 많은 가짜 뉴스를 만들어 냅니다. 코로나19 백신에 치매를 일으키는 물질이 있다거나 이 백신을 맞으면 유전자가 변해 이상한 사람으로 변한다는 등의 말이 많았어요. 이는 모두 사실이 아닙니다. 물론 긴급한 상황에서 만들어진 코로나19 백신은 드물게 호흡이 가빠지거나 심장에 염증을 일으키는 부작용이 있었습니다. 그러나 근거 없는 유사 과학은 진짜 의료 정보를 믿지 못하게 만들어 의료 기술이 발전하는 데 방해가 됩니다. 우리가 유사 과학을 알

유사과학이란 무엇인가

고 분명하게 가려내야 하는 이유이지요.

200년 동안 10억 명의 목숨을 앗아간 결핵

감기는 감기 바이러스가 코나 목으로 들어와 기침과 재채기를 일으키며 목을 붓게 하고 폐에 염증을 일으킬 수 있는 모든 감염병을 말합니다. 감기의 원인이 되는 바이러스만 해도 200여 종이나 되지요. 오늘날 감기를 일으키는 여러 바이러스로 목숨을 잃는 경우는 면역력이 약한 노인과 어린이나 심각한 질환을 지닌 환자를 제외하면 매우 드뭅니다. 독감도 마찬가지입니다. 독감 예방 주사와 치료약이 개발되기 전에는 많은 사람이 독감으로 목숨을 잃었지만 지금은 그렇지 않지요.

그러나 감기 바이러스의 정체를 몰랐던 오랜 옛날에는 재채기와 기침을 일으키는 병이 모두 감기인 줄로만 알았습니다. 결핵이 대표적입니다. 1만 년 전 신석기 시대에 살았던 사람의 뼈와 약 6,000년 전의 이집트 미라에서 결핵의 흔적이 발견되었을 만큼 결핵은 역사가 오래된 질병입니다. 지난 200년 동안 결핵으로 약 10억 명이나 목숨을 잃은 것으로 추정되지요.

결핵이 결핵균에 의한 특별한 감염병이라는 사실은 1882년 독일의 의사이자 미생물학자인 하인리히 헤르만 로버트 코흐(1843~1910)가 처음으로 발견했어요. 당시 결핵의 원인은 밝혀졌지만, 초기 결핵 증세와 감기 증세가 너무나 비슷해 병을 감별하기는 쉽지 않았어요. 지금은 과학의 발전과 함께 의료 기술이 그때보다 더욱 발전해 투베르쿨린반응검사라고 부르는 결핵 진단법과 흉부 엑스레이, 컴퓨터단층촬영(CT) 등을 통해 결핵과 감기를 쉽게 구별해 곧바로 치료할 수 있게 되었습니다.

독감은 사람뿐만 아니라 다른 동물도 걸릴 수 있습니다. 새로부터 발생한 독감은 조류독감, 돼지로부터 발생한 독감은 돼지독감이라고 부르지요. 그런데 조류독감은 사람에게 감염을 잘 일으키지 않습니다. 독감 바이러스가 번식하려면 일단 바이러스가 동물의 세포 안으로 침투해야 하는데 독감 바이러스를 통과시키는 조류와 사람의 세포 문이 많이 다르기 때문이에요. 자물쇠가 자신에게 딱 맞는 열쇠로만 열리듯이, 사람의 세포 문 모양과 딱 맞는 독감 바이러스는 통과할 수 있지만, 모양이 다른 조류 바이러스는 통과할 수 없습니다. 반면 돼지와 사람은 독감 바이러스를 맞이하는 세포 문이 서로 비슷해서 돼지를 감염시키는 독감 바이러스가 사람도 쉽게 감염시킬 수 있습니다.

2009년 4월, 신경외과 전문의이자 미국 CNN 방송국의 의학전문기자인 산제이 굽타가 전용 헬기를 타고 멕시코의 한 돼지 농장을 찾아갔어요. 그곳에서 굽타는 돼지 한 마리를 가리키며 "이번 새로운 돼지독감은 이곳에서 시작됐습니다"라고 말했습니다. 신종돼지독감이라고 불렸던 이 감기로 한 달이 채 안 되는 동안 멕시코 농장 주민 81명이 숨졌지요. 멕시코 정부는 학교에 휴교령을 내리고 각종 문화행사와 스포츠 경기 등 사람들이 많이 모이는 대중 행사를 임시로 중단시켰습니다. 세계보건기구(WHO)는 신종돼지독감이 멕시코, 미국, 캐나다를 통해 세계 곳곳에 퍼지고 있다고 경고했어요.

신종돼지독감에 감염된 환자는 콧물, 코 막힘, 인후통, 기침, 발열 등의 감기 증세를 보였습니다. 구토나 설사를 하는 사람들도 있었고요. 심한 경우에는 사망에 이르기도 했습니다. 2009년에 발생한 신종돼지독감은 2010년까지 129개 국가에 퍼져 수만 명이 목숨을 잃었고, 우리나라에서도 2010년 8월 말을 기준으로 최소 약 76만여 명이 감염되어 270여 명이 목숨을 잃었습니다. 그런데 돼지로부터 발생한 줄 알았던 신종돼지독감 바이러스를 더 자세히 조사해 보니 돼지와는 관련이 없었습니다. 만약 돼지로부터 감염된 독감 바이러스라면 멕시코 농장의 돼지 중에도 독감에 걸린 돼지가 있어야 했는데 농장의 모든 돼지를 검사했지만 어떤 돼지도 독감에 걸리지 않았던 거예요. 멕시코 돼지 농장의 농부들이 걸린 독감은 기존 독감 바이러스가 사람과 사람 사이에서 옮겨 다니다가 돼지독감과 비슷하게 바뀐 것이었죠. 그래서 신종돼지독감은 신종사람독감을 뜻하는 '신종플루'로 이름이 바뀌었습니다. 이렇게 신종 독감의 정체가 밝혀지고 나서 예방 주사와 치료약이 개발되었고 신종플루로 목숨을 잃는 사람의 수도 크게 줄었습니다. 신종플루는 이제 흔한 계절 독감 중 하나가 되었어요.

2009년 전 세계를 강타했던 신종플루, 1만 년 전부터 수많은 사람의 목숨을 앗았던 결핵 그리고 2020년부터 전 세계가 앓고 있는 코로나19도 정확한 진단법이 개발되지 않았다면 큰 병을 일으키는 감기의 일종으로 여겨졌을 거예요. 마찬가지로 오늘날 가볍게 여겨지는 감기가 진단법을 몰랐던 옛날에는 큰 병으로 여겨졌습니다. 지금은 의학이 발전하면서 가벼운 감기는 쉽게 치료할 수 있게 되었어요. 하지만 발달된 현대 의학의 혜택을 누리지 못하는 아프리

카, 동남아시아 등 저개발 국가에서는 독감예방주사를 맞을 수도 없고, 독감치료약을 먹기 어려워 여전히 독감이 두려운 질병 중 하나이지요. 코로나19도 마찬가지예요. 공공 보건 선진국에서는 백신과 치료제가 충분히 보급되었지만, 백신과 치료제가 부족한 공공 보건 저개발 국가들에서는 코로나19로 많은 사람이 목숨을 잃고 있습니다. 의학의 발달도 중요하지만 더 많은 사람의 생명을 살리기 위해 발달된 의학이 전 세계에 골고루 퍼지게 하는 일도 간과해서는 안 되겠습니다.

14세기 중세 유럽에서 흑사병으로 인한 피해가 컸던 건 흑사병이 왜 생기는지, 어떻게 해야 막을 수 있는지를 몰랐기 때문이에요. 세균을 발견해 낼 현미경이 없었고, 감염병이 어떻게 전파되는지 조사하는 '역학'이라는 의학은 17세기에나 도입되기 시작했지요. 그러니 그 당시에는 치료약도 개발할 수 없었어요.

그러나 흑사병이 남긴 교훈이 있습니다. 당시 인류는 중요한 두 가지 사실을 알게 됐는데, 하나는 손 씻기만으로도 감염을 상당 부분 막을 수 있다는 것이고 또 다른 하나는 검역의 필요성을 깨닫게 된 것입니다.

먼저 손 씻기에 대해 살펴볼게요. 유럽 인구의 3분의 1이 줄어들 만큼 인명 피해가 컸던 와중에도 흑사병의 저주를 비껴간 사람들이 있습니다. 바로 유대인입니다. 당시 유대인에게는 유대교 축제인 유월절을 앞두고 가구, 집기, 식기들을 끓는 물에 삶거나 불에 달구는 문화가 있었어요. 이 덕분에 균이 묻은 물건으로부터 흑사병이 옮는 걸 막을 수 있었지요. 또 유대교에는 동물 사체나 죽은 사람의 몸을 일주일 이상 만지지 못하도록 하는 종교적 규정이 있었습니다. 흑사병에 걸려 죽은 쥐나 고양이, 사람을 만지면 흑사병에 감염될 수 있다는 건 몰랐지만, 종교적인 규정 때문에 흑사병 감염을 예방할 수 있었던 겁니다.

흑사병을 피해 갔던 유대인의 여러 습관 중 가장 주목받는 건 손 씻기입니다. 유대인은 일요일에 온 가족이 함께 모여 저녁을 먹기 전 손 씻는 순서를 따로 정해 둘 만큼 엄격하게 손을 씻었습니다. 손 씻기는 예방 접종과 함께 감염병 예방 효과가 가장 뛰어난 방법이에요. 미국의 질병예방통제센터에서는 손 씻기를 예방 주사에 비유하기도 하지요. 물로 손을 잘 씻는 것만으로 손에 있는 세균의 93퍼센트를 없앨 수 있어요. 음식과 물로 옮을 수 있는 감염병과 세균 및 바이러스에 의한 폐렴, 설사병을 예방할 수도 있고요.

물로만 씻어도 감염병 예방 효과가 있지만 예방 효과를 더 높이기 위해서는 비누를 충분히 사용해 30초 이상 손을 씻어야 합니다. 손을 씻은 뒤에는 종이 타월 1장을 사용해 손에 남은 물기를 제거하고 그 종이 타월로 수도꼭지를 잠그면 손에 세균이 묻지 않습니다. 핸드드라이어에 손을 말리는 것도 좋은 방법이에요. 하지만 더러운 수건으로 손을 닦으면 다시 손에 세균이 묻어요. 만약 손을 씻지 못할 경우에는 알코올 손 세정제를 이용하면 90퍼센트 이상의 세균을 없앨 수 있고 손에 남아 있는 유해 화학 물질도 제거할 수 있다고 합니다. 손이 더러운 상태에서는 알코올 손 세정제의 효과가 덜하니 되도록 비누로 손을 씻는 것이 좋겠습니다. 질병관리본부와 대한의사협회에서는 손 씻기 방법을 여섯 단계로 나누어 제안합니다.

손 씻기 방법

① 손바닥과 손바닥을 마주 대고 문지릅니다.

② 손가락을 마주 잡고 문지릅니다.

③ 손등과 손바닥을 마주 대고 문지릅니다.

④ 엄지손가락을 다른 편 손바닥으로 돌려주면서 문지릅니다.

⑤ 손바닥을 마주 대고 손깍지를 끼고 문지릅니다.

⑥ 손바닥을 반대편 손바닥에 놓고 문지르며 손톱 밑을 깨끗하게 닦습니다.

이번엔 검역에 대해 알아볼게요. 14세기 이탈리아의 베네치아 지역에서도 흑사병이 크게 번졌습니다. 당시 이탈리아 사람들은 흑사병이 공기를 통해 전염되는 병이란 걸 알았어요. 흑사병 환자가 머물던 집이나 교회에서 같이 생활한 가족, 마을 사람들이 전염되는 걸 경험을 통해 알게 된 거예요. 그래서 흑사병이 걸린 환자의 곁에 가까이 가지 않았고, 환자가 죽더라도 시신을 만지지 않았어요. 너무 많은 환자가 발생하면 그 지역을 떠나 인적이 드문 깨끗한 자연에서 혼자 생활했어요. 중세의 이탈리아 사람들은 흑사병이 세균 때문에 생기는 병인지는 몰랐지만 관찰을 통해 흑사병의 특성을 파악해 대처한 거예요. 마치 코로나19의 사회적 거리두기와 비슷하지 않나요?

또 당시 베네치아는 무역의 도시였던 터라 여러 나라에서 물건을 실은 배들이 드나들어 흑사병이 돌기 쉬웠는데, 그러던 중 베네치아 사람들은 흑사병 감염 초기에는 고열, 기침, 재채기 등의 증세가 나타나지 않는다는 사실을 깨달았어요. 이걸 '잠복기'라고 합니다. 잠복기 동안은 세균이 몸에 침투해도 왕성하게 증식하기 전까지는 증상이 잘 나타나지 않아요. 그래서 잠복기 시기의 흑사병 환자가 배를 타고 베네치아에 들어와도 구별할 방도가 없었지요. 베네치아 사람들은 잠복기의 흑사병 환자를 막기 위해 특별한 조치를 취했습니다. 흑사병이 유행하는 지역에서 출발해 베네치아로 입항하는 배에 있는 모든 사람을 40일 동안 격리시킨 거예요. 40일이 지나도 아무런 증세가 나타나지 않은 사람만 베네치아로 들어올 수 있도록 했지요. 오늘날 감염병 유행 국가로부터 입국하는 사람들에 대해 일정 기간 격리한 후 감염병 증상이 나타나지 않은 사람에게만 입국을 허락하는 것을 검역이라고 합니다. 검역은 영어로 'quarantine'이라고 하는데 이 단어는 라틴어로 40일을 의미하는 'quaresma'에서 유래했어요. 흑사병의 확산을 차단하기 위한 중세 베네치아 사람들의 특별한 조치에서부터 검역이 시작된 거예요.

3장

알쏭달쏭한 의료 윤리 문제, 정답은 무엇일까?

환자 치료에도 순서가 있을까?

의료인은 모든 환자를 기꺼이 치료해야 합니다. 그렇다면 어떤 환자를 먼저 치료해 주어야 할까요? 의료인과 의료인이 사용할 수 있는 의료 자원, 예를 들어 수술 도구나 치료약 등이 무한하다면 굳이 치료받을 환자의 순서를 따질 필요가 없겠지요. 그러나 현실은 그렇지 않습니다. 의료인과 의료 자원은 한계가 있어서 환자를 치료하는 순서에 대한 원칙이 있어야 하지요.

병원 응급실에 심근경색으로 심장 통증이 심한 70대 할아버지와 충수돌기염*에 걸려 복통에 시달리는 40대 회사원, 모서리에 머리를 부딪쳐 이마가 찢어진 20대 대학생이 동시에 찾아

> ★ **충수돌기염** 신체 장기 맹장(막창자)의 아래 끝에 붙어 있는 돌기인 충수에 염증이 생기는 증상.

왔습니다. 이런 상황일 때 의료인은 70대 심근경색 환자를 가장 먼저 치료하고 그다음 40대 환자와 대학생 환자를 순

서대로 치료할 것입니다.

회복할 수 있는 최적의 치료 시기를 '골든타임'이라고 합니다. 심장 혈관이 막혀 가슴 통증을 호소하는 심근경색의 골든타임은 1시간입니다. 한 시간 이내에 심근경색 치료를 받으면 생명에 지장이 없지만, 그 이후에 치료를 받는다면 정상적으로 회복하지 못할 수도 있지요. 충수돌기염의 골든타임은 24시간 정도입니다. 이마가 찢어지는 열상의 골든타임은 따로 없지만 빨리 치료를 받을수록 좋습니다. 하지만 심근경색과 충수돌기염과 비교해 비교적 늦게 치료받아도 생명에는 큰 지장이 없어요. 일반적으로 병원 응급실에서는 질병 치료의 골든타임이 짧은 중증 환자부터 치료합니다.

그런데 똑같이 심근경색이 나타난 환자 3명이 동시에 응급실로 왔다면 어떨까요? 이들의 나이대는 각각 70대, 40대, 20대입니다. 3명 모두 1시간 이내에 수술을 받아야 하는 상황입니다. 하지만 병원에서 이들을 수술할 수 있는 의료팀은 단 1팀뿐이에요. 근처 병원은 심근경색의 골든타임인 1시간 이상 떨어져 있어서 환자 이송도 불가능한 상황입니다. 이럴 때에는 어느 환자부터 수술을 해야 할까요?

우리나라에는 장유유서(長幼有序)라는 정서가 있는데, 사

람 사이에는 나이에 따른 차례가 있다는 뜻입니다. 장유유서를 지키는 우리나라에서는 식사를 할 때 대부분 나이가 가장 많은 어른이 먼저 숟가락을 뜨면 다른 가족들이 식사를 시작하지요.

장유유서를 생각한다면 70대, 40대, 20대 순서로 심근경색 수술을 해야 할 것이고, 그렇다면 40대와 20대 환자는 골든타임을 놓쳐 자칫 목숨을 잃을 수 있습니다. 하지만 의료팀은 20대 환자를 가장 먼저 수술합니다. 그 이유는 회복된 후 살아갈 인생이 20대가 가장 길기 때문입니다. 어릴수록 먼저 치료해야 하는 의학적 순서가 장유유서와 정반대라고 생각되나요? 하지만 장유유서 속에도 어른이 어린 사람에게 양보하고 나서서 도와주는 정신이 깃들어 있답니다.

각 지역의 병원에서는 어느 환자를 먼저 치료해야 하는지에 시간을 낭비하지 않기 위해 심장병 환자의 수와 발생 비율을 조사하고 이에 맞추어 심장병 의료진을 배치하고 있습니다. 한정된 의료 자원을 효율적으로 활용해 골든타임을 놓치는 환자가 없도록 의료 전달 체계를 잘 갖추어 놓았지요.

하지만 의료 전달 체계가 작동하지 않는 예기치 못한 상황이 종종 일어나기도 합니다. 바로 코로나19가 유행했던

2021년에 그런 일이 벌어졌습니다. 2020년 대한심장혈관흉부외과 학회와 질병관리청이 공동으로 연구해 〈코로나19 중증 감염환자 에크모(ECMO) 치료 권고안〉를 내놓았습니다. 에크모란 심장과 폐에 생긴 염증으로 온몸에 산소가 제대로 공급되지 못할 때 심장과 폐를 대신해 주는 기계입니다. 이 수술법을 체외막산소요법 또는 에크모라고 부르지요. 고농도 산소 공급과 인공호흡기 치료만으로는 생명을 유지할 수 없는 중증급성호흡기증후군★ 환자에게 에크모는 유일한 생명줄입니다.

★ **중증급성호흡기증후군**
사스나 코로나19 등의 바이러스에 감염되어 생기는 호흡기 관련 감염증.

코로나19 사태가 발생하기 전에는 국내 중증급성호흡부전 환자의 발생률에 맞춰 적정한 숫자의 에크모 기계를 마련해 놓았어요. 에크모 기계가 모자라 환자가 치료를 못 받고 사망하는 사례는 없었지요. 그런데 2020년부터 유행하기 시작한 코로나19로 인해 에크모 기계 치료가 필요한 중증급성호흡부전 환자가 급증했습니다. 코로나19 바이러스가 폐와 심장까지 퍼져 호흡기에 문제가 발생하는 사례가 많았거든요.

〈코로나19 중증 감염환자 에크모(ECMO) 치료 권고안〉은 80세 이상의 환자에게 에크모 치료를 신중하게 결정할 것을 권고합니다. 에크모 기계가 모자란 상황에서 면역력이 약해 회복이 어려운 80세 이상의 중증 환자에게 에크모 치료를 한다면 회복 가능성이 큰 젊은 환자의 치료 기회가 사라지기 때문입니다. 코로나19 상황이 악화되어 위기 상황일 때는 다른 질환을 동반한 60세 이상의 환자에게까지 에크모 치료를 신중하게 결정하라고 권고해요. 이 권고안에는 의료진과 의료 자원에 한계가 있을 때 회복 가능성이 높고 남은 삶의 시간이 긴 환자부터 치료한다는 의학적 치료 순서 원칙이 그대로 반영되어 있습니다.

앞서 살펴본 심근경색과 에크모 기계 치료가 필요한 중증급성호흡부전처럼 급히 수술을 받지 않으면 생명을 잃을 가능성이 큰 질병이 있고, 치료를 곧장 받지 않더라도 환자의 면역력이 괜찮다면 피해가 적은 질병도 있습니다. 코로나19 같은 감염병의 경우, 면역력이 비교적 약한 70대 노인이 걸린다면 치명적이지만, 10~40대 청장년층이 걸린다면 70대 노인에 비해 그다지 치명적이지 않지요. 이때 코로나19 치료제는 70대 할아버지의 생명을 구할 수 있는 가치가 있지만, 10~40대에게는 증세를 가볍게 하는 정도의 효과가 있을 뿐입니다. 코로나19 치료제가 충분하다면 치료제를 나누는 순서를 정할 필요가 없겠지만, 만약 치료제가 부족하다면 70대 노인에게 먼저 주어야겠지요. 실제로 우리나라에서 코로나19 치료제의 투약 순서는 65세 이상 고령층이 가장 우선이었고 20대가 마지막이었습니다. 코로나19 백신의 접종 순서도 마찬가지였지요.

일반적으로 의학적 치료에서는 질병의 증세를 개선하는 것보다 생명을 구하는 일이 우선입니다. 하지만 그렇다고 해서 환자가 시달리는 증세를 간과해서는 안 되겠지요. 병원에서 정한 환자를 치료하는 우선순위는 의료 자원이 한정적이거나 응급 상황일 때 적용되는 것이고, 평소에는 모든 환자가 고르게 치료받을 수 있도록 해야 합니다.

무조건 더 비싼 약을 처방해야 할까?

'주사만 맞아도 체중 24kg 빠진다'는 기적의 비만 약이 출시돼 미국과 일본에서 선풍적인 인기를 끌고 있습니다. 세계적인 다국적 제약회사가 세계 최고 연구진을 모아서 막대한 비용을 투자해 개발했습니다. 비만 약은 이미 수십 종류가 있지만, 이번 신약은 기존 약보다 살을 빼는 효과는 더 크고 부작용의 위험성은 더 낮습니다. 비만 신약은 뇌에서 식욕을 억제하고, 장에서 음식물의 흡수를 더디게 하며, 간에서 지방 생성을 덜 하도록 하고, 근육에서 에너지를 더 잘 소모하도록 해줍니다. 효과가 좋다 보니 우리나라에도 곧 도입될 것으로 보입니다. 그렇다면, 우리나라 비만 환자에게 기존 비만 약보다 더 좋은 새로운 비만 약을 처방하는 게 맞을까요? 맞을 수도 있고 맞지 않을 수도 있습니다. 그 이유를 이해하려면 우선 비만의 특징을 알아야 합니다.

음식이 부족하던 1만 년 전에는 굶주려서 죽는 사람이 많았습니다. 살아남기 위해서는 칼로리가 높은 기름진 음식과 단 음식을 찾아 먹어야 했습니다. 현대인이 기름지고 단 음식을 좋아하는 것은 1만 년 사람들의 생존 비법이 유전됐기 때문으로 추정됩니다. 그런데 기름지고 단 음식을 좋아하는 생존 비법이 먹을 게 풍족한 환경을 만나면 오히려 불리하게 작용합니다. 기름지고 단 음식을 지나치게 많이 먹으면 비만이라는 질병에 걸리기 때문입니다. 동서양을 막론하고 음식을 풍부하게 먹을 수 있었던 왕이나 귀족들은 비만에 시달렸습니다. 반면 먹을 게 부족했던 평범한 사람들은 비만을 모르고 살았습니다. 그런데 현대 사회에서는 상황이 달라졌습니다. 모든 사람에게 음식이 풍부해졌습니다. 다만, 저소득* 사람들은 싼 음식을 먹고 고소득* 사람들은 비

★ **저소득** 일을 하여 얻은 돈이 적음.
★ **고소득** 일을 하여 얻은 돈이 많음.

싼 음식을 먹는다는 차이가 있을 뿐입니다. 그런데 이 차이 때문에 과거에는 주로 부자들이 걸렸던 비만을 지금은 저소득 사람들이 더 많이 걸리고 있습니다. 싼 음식과 비싼 음식의 성분이 다르기 때문인데요, 싼 음식은 기름, 설탕, 소금 등의 첨가물이 많습니다. 초가공 음식이라고 하는데 편의점이나 패스트푸드 가게에서 저렴하게 살 수 있는 쿠키, 파이, 케이크 등입니다.

반면 원래 재료를 있는 그대로 만든 최소가공 식품은 초가공 식품보다 훨씬 비쌉니다. 문제는 저렴한 초가공 식품은 칼로리가 높고 나쁜 지방질이 많고 탄수화물, 단백질, 식이 섬유질 같은 영양소는 적다는 것입니다. 이 때문에 저소득 사람이 비만해지는 현상이 나타나고 있습니다. 전 세계에서 23억 명의 어린이와 성인이 비만에 시달리고 있는데, 비만 환자는 고소득 국가보다 저소득 국가에 더 많다는 조사결과가 세계 3대 의학저널에 발표됐습니다. 우리나라도 평균 소득이 낮은 지역일수록 비만 비율이 높습니다.

여기서 비만 신약의 효과와 가격을 살펴보겠습니다. 이 약은 주사제인데, 비만 환자에게 18개월 동안 투여했더니 17.2%의 체중이 줄어들었습니다. 체중 100킬로그램인 사람이 한 달에 한 번씩 1년 6개월 동안 주사를 맞았더니, 큰

부작용 없이 82.8kg가 될 수 있었습니다. 그런데, 이 주사의 한 달 약값이 191만 원, 총 비용은 2천 2백 68만 원입니다. 비만 약값 2천 2백 68만 원, 사람마다 느끼는 부담이 다를 겁니다.

게다가 앞서 살펴봤듯이 저소득일수록 비만 위험성이 높아집니다. 가장 좋은 약이라고 해서 비만 환자에게 무조건 처방한다면 많은 비만 환자가 경제적 곤란을 겪게 될 겁니다. 이렇듯 효과가 뛰어난 약이라도 의사는 환자에게 획일적으로 처방해서는 안 됩니다. 약이 환자의 건강에 미치는 영향은 같겠지만 삶 전체에 미치는 영향은 다르기 때문입니다. 똑같은 약이라도 환자의 개별적인 사정에 따라 이득을 줄 수도 있고 반대로 손해를 끼칠 수도 있기 때문입니다. 이런 까닭에 의사는 약을 처방하기 전에 환자의 개인 형편까지 꼼꼼하게 살펴야 합니다.

범죄자도 치료해 주어야 할까?

세 가지 질문을 드리겠습니다. 첫 번째 질문입니다. 모든 사람의 생명은 소중한가요? 여러분 모두 '그렇다'고 대답할 것 같습니다. 생명은 누구에게나 소중하고 질병을 치료받을 권리는 모든 사람에게 보장되어야 하니까요.

두 번째 질문입니다. 10명의 목숨을 빼앗아 사형 선고를 받은 연쇄살인범이 있습니다. 내일이면 사형 집행이 예정된 이 연쇄살인범은 뇌출혈이 생겨 위독한 상태입니다. 수술을 받으면 생존 확률이 50퍼센트이지만 수술을 받지 않으면 24시간 이내에 죽게 됩니다. 이때 의사는 연쇄살인범의 뇌 수술을 해 주어야 할까요?

두 번째 질문에는 '아니오'라는 대답이 제법 나올 것 같습니다. 우선 연쇄살인범의 죄질이 무척 나쁩니다. 10명이나 죽인 연쇄살인범을 치료한다는 사실을 피해자 10명의 가족이 알게 된다면 어떤 감정을 느낄까요? 다른 사람의 목숨을 빼앗은 살인범의 생명까지 존중해 주어야 할까요? 게다가 사형 집행일이 바로 내일이라 수술이 성공한다 해도 고작 며칠밖에 더 살지 못할 텐데 말이지요.

세 번째 질문입니다. 만일 여러분이 사는 동네에서 힘이 약한 사람만 골라 무차별 폭력을 일삼아 온 사이코패스가 있다고 가정해 볼까요? 이 사이코패스가 감옥에서 출소하면 여러분 동네에 살며 여러분의 가족과 이웃에게 '묻지 마 폭력'을 다시 저지를 가능성이 큽니다. 그런데 어느 날 이 사이코패스가 전기톱으로 나무를 자르다 그만 손을 베이고 말았어요. 응급 봉합 수술을 받지 않으면 팔이 절단될 위기에 처한 겁니다. 여러분이 의사라면 사이코패스의 손을 수술하겠습니까?

세 번째 질문에도 '아니오'라는 대답이 많을 것 같습니다. 우선 팔이 절단되는 건 피해야 할 일이지만 생명에는 지장이 없습니다. 무엇보다 사이코패스의 손 수술이 성공한다면 여러분의 가족과 이웃이 계속해서 피해를 받을 수 있다는 점이 걸릴 거예요. 두려운 날들이 계속되겠지요. 사회에 나와서 사이코패스가 수술받은 팔로 또다시 누군가를 폭행한다면 피해자 수가 더 많아질 겁니다. 강도를 계획하고 있는 사람인 줄 알면서도 그 사람에게 망치를 파는 행위와 다를 게 없어 보이지요.

그런데 이 문제에 관해 잠깐 생각해 볼 점이 있습니다. 우리는 첫 번째 질문을 통해 모든 사람의 생명이 소중하다는 의견에 동의했습니다. 하지만 두 번째 질문의 연쇄살인범과 세 번째 질문의 사이코패스 폭력범이 각각 뇌출혈 수술과 응급 봉합 수술을 받는 것에는 선뜻 동의하지 못했을 겁니다. 그런데 첫 번째 질문의 답에 따르면 연쇄살인범과 사이코패스의 생명도 소중합니다. 사람들은 범죄자의 생명도 소중하며 치료받을 권리가 있다고 생각하면서 동시에 반대로 생각하기도 합니다. 우리는 현실에서 이런 역설적인 생각을 종종 마주합니다. 사람의 생명에 절대적인 가치를 부여하면서도 사형 제도를 유지하는 것처럼 말이지요. 뇌출혈이 발생한 연쇄살인범과 팔이 절단될 위기에 처한 사이코패스처럼 현실에서는 모든 원칙에 예외가 있을 수밖에 없으니까요.

두 번째, 세 번째 질문에 정해진 답은 없습니다. 개인에 따라 수술을 할 수도 있고 그렇지 않을 수도 있지요. 그런데 세 번째 질문은 더 생각해 볼 점이 있습니다. 곧 사회로 복귀할 사이코패스에게 응급 봉합 수술을 해 준다면 다른 사람이 피해를 볼 가능성이 있어요. 그럼에도 불구하고 의료인은 '폭력을 저지를 가능성이 큰 사이코패스의 응급 수술을 해 주어야 할까?'라는 질문에 모두 '네'라고 대답해야 합니다. 의료인에게는 두 가지 사명이 주어지기 때문이지요. 하나는 '의료인은 환자의 생명을 연장시키는 노력을 한다'는 것이고, 다른 하나는 '의료인은 환자의 고통을 줄이는 데 노력한다'는 것입니다. 환자의 생명을 연장시키거나 고통을 줄일 때 의료인은 개인의 선택에 따라 환자를 가릴 권한이 없습니다. 어떤 환자든 최선을 다해야 하는 게 의료인의 숙명

이지요.

의료인의 숙명은 앞서 살펴본 것처럼 정말로 나쁜 연쇄살인범에게 과도한 자비를 베푸는 일일 수 있고, 사이코패스의 또 다른 범죄를 돕는 일로 이어질 수도 있습니다. 이러한 일을 예방하기 위해선 의료의 영역 밖, 사회 영역에서 신중한 논의가 필요합니다.

예를 들어 죄질이 매우 나쁜 범인이나 범죄를 또 저지를 가능성이 큰 재소자는 사회와 분리시키는 법을 만드는 것입니다. 실제로 '치료 감호소'라는 시설이 있는데 이곳은 일반 교도소와는 달리 재소자가 치료를 받을 수 있는 곳입니다. 치료가 필요한 재소자를 치료 감호소에 보내면 재소자의 병을 치료하면서 동시에 이 재소자가 사회에 복귀하는 걸 막을 수 있습니다. 하지만 아직 범죄자의 치료받을 권리를 법으로 박탈한 국가는 아직 없습니다. 이는 모든 생명은 소중하다는 원칙을 깨뜨리는 것과 마찬가지이니까요.

과학자의 숙명도 비슷합니다. '원자'를 탐구하는 것은 과학자 고유의 역할이지만, 그것을 어떤 용도로 사용할지는 사회의 영역입니다. 어떤 나라는 원자의 핵이 분열하며 큰 에너지를 내는 핵분열을 핵무기를 만드는 데 사용하고, 어떤 나라는 전기를 생산하는 원자력 발전소에 사용합니다.

지금은 국제적으로 원자 핵분열을 핵무기에 사용할 수 없도록 합의했습니다. 미래에는 원자력 발전소에도 핵분열을 사용할 수 없도록 금지시킬 수 있겠지요. 그렇다고 해서 과학자가 원자를 연구하는 일을 멈추어서는 안 됩니다. 과학적인 어떤 것이든 탐구하고 연구하는 건 과학자 고유의 숙명이니까요.

전쟁 중에 다친 적군을 발견했다면?

전쟁은 인류에게 가장 비극적인 대립입니다. 총을 맞대고 서로의 목숨을 빼앗아야 이기는 상황이니까요. 만일 의료인이 전쟁에서 다친 적군을 발견했다면 치료해 주어야 할까요? 1859년 유럽 이탈리아반도에서는 전쟁의 무거운 기운이 감돌았습니다. 당시 이탈리아는 하나의 국가로 통일되지 못하고 여러 왕국이 존재하는 상태였어요. 이웃 나라인 오스트리아의 지배를 받았지요. 그중 사르데냐섬을 중심으로 한 사르데냐 왕국이 오스트리아로부터 독립하기 위해 프랑스에 도움을 요청했습니다. 오스트리아와 적대 관계에 있던 프랑스는 사르데냐 왕국과 연합군을 만들고 오스트리아에 맞섰어요. 그러던 중 1859년 6월 24일, 이탈리아 솔페리노 지역에서 연합군과 오스트리아군 사이에 큰 전투가 벌어졌습니다. 솔페리노 전투라고 불리는 이 전투에서 하루 사이에 무려 4만 명이 목숨을 잃었습니다.

스위스 출생의 사업가 앙리 뒤낭(1828~1910)이 이 전투를 직접 목격했습니다. 뒤낭은 수많은 사람이 솔페리노 전투로 죽어 가는 모습을 『솔페리노의 회상』이란 책으로 남겼습니다. 이 책 속에는 여성과 의료인이 다친 적군을 보살피고 치료하는 장면이 나옵니다. 설령 적군이라 할지라도 그들의 생명도 아군의 생명과 똑같이 소중하니까요. 전쟁을 있는 그대로 보여 주는 것이 전쟁을 예방하는 가장 좋은 교육이라는 말이 있습니다. 뒤낭의 『솔페리노의 회상』을 읽으면 마치 실제로 전쟁이 벌어지는 곳에 있는 기분이 듭니다. 책 속에는 병원뿐 아니라 일반 가정집조차 아픈 사람들로 가득하고, 의료인은 물론 비의료인까지 환자를 돌보지만 치료받지 못하거나 굶어서 죽어 가는 사람이 넘쳐나는 모습을 표현하고 있지요. 이 광경은 마치 이탈리아의 시인 단테(1265~1321)의 『신곡』에 나오는 「지옥」 편을 읽는 것 같습니다. 무엇보다 『솔페리노의 회상』에는 세상에 던지는 중요한 메시지가 있습니다. 비록 적군이더라도 부상을 당했다면 아군처

럼 똑같이 치료해 주어야 한다는 겁니다.

앙리 뒤낭은 실제로 본업인 사업을 뒤로한 채 그 당시 사람들을 모아 봉사대를 조직하고 국적에 상관없이 전쟁 부상자를 치료했습니다. 그리고 뜻이 맞는 사람들과 함께 다니며 국적과 상관없이 전쟁으로 발생한 모든 사상자의 인권과 생명권이 존중받을 수 있도록 국제단체를 만들었지요. 훗날 이 단체는 오늘날 국제적십자의 토대가 됩니다.

전쟁 피해자의 고통을 줄이려는 앙리 뒤낭의 노력은 후대에 이르러 〈제네바 협약〉이라는 결실을 맺었습니다. 스위스 제네바에서 85년 동안 4번의 국제 협약이 만들어집니다. 1864년, 제1협약에서는 육지 전투에서 발생한 부상자와 환자 상태를 개선하기로 합의했고, 1906년 제2협약에서는 해상 전투에서 발생한 부상자, 조난자에게 최선을 다하기로 합의했지요. 1929년 제3협약에서는 전쟁 포로의 인권을 존중하기로 합의했고, 1949년 제4협약에서는 전쟁 지역에서 민간인을 보호하기로 합의했습니다. 이런 공로를 인정받아 뒤낭은 1901년에 제1회 노벨평화상을 최초로 수상했어요. 뒤낭의 노벨평화상 수상은 의료인이 전쟁에서 아군뿐만 아니라 적군도 치료해 주어야 한다는 국제 협약을 더 공고하게 다지는 계기가 되었지요.

태아의 생명권과 여성의 자기결정권, 더 중요한 것은?

사람은 모두 태아에서부터 비롯됩니다. 오래전부터 우리나라는 물론이고 세계 각국에서도 태아를 사람과 같이 생각하여 태아의 생명도 사람의 생명처럼 귀중하게 여겨 왔습니다. 그래서 우리나라는 아주 한정된 경우에만 임신을 중지하는 수술을 허용하는 법을 만들었고, 이를 지키지 않은 임신한 사람과 의료인은 '낙태죄'라는 죄명으로 벌금을 내거나 감옥에 갇혀야 했습니다.

2018년, 제49차 국제연합(UN) 여성차별철폐위원회는 우리나라 정부에 낙태죄를 철폐해야★ 한다고 권고했습니다. 세계보건기구(WHO)에서도 "임신 중절에 대한 절차적, 제도적 장벽은 철폐되어야 한다"고 선언했습니다. 임신이 여성의 삶에 중대한 영향을 끼치는 데도 여성 스스로 임신 중단 여부를 결정할 자유를 박탈하는 낙태죄는 잘못되었다는 의견이 많았습니다. 아이를 낳아 키우기 어려운 사람, 즉 사회적으로나 경제적으로 곤란한 환경에 있는 여성은 스스로 임신 중절을 결정할 수 있어야 한다는 겁니다.

> ★ 철폐하다 전에 있던 제도나 규칙 따위를 없애다.

세계의 여러 국제기구에서 낙태죄 철폐를 주장하는 데는 크게 두 가지 이유가 있습니다. 첫 번째는 낙태죄를 시행한다고 해서 낙태가 줄어들지 않는다는 겁니다. 두 번째는 정식으로 허가된 병원에서 합법적으로 안전하게 낙태 수술을 받지 않고 불법적으로 몰래 수술하면 여러 부작용이 따릅니다. 낙태죄를 폐지한 국가에서는 임신 중절 수술이 안전하게 시행되는 비율이 90퍼센트이지만 반대로 낙태죄가 있는 국가에서는 안전하게 수술이 이루어지는 경우가 25퍼센트에 불과했고, 목숨을 잃는 임신부도 적지 않았습니다.

　우리나라 인권위원회는 2019년, '민주 국가에서 임신을 국가가 강제할 수 없는 것과 마찬가지로, 자신의 삶에 절대적인 영향을 끼치는 임신의 중단, 즉 낙태 역시 스스로의 판단에 따라 결정할 권리가 있고, 국가는 이를 보장해야 한다'고 발표했습니다. 이에 힘입어 같은 해 4월 11일, 헌법재판소에서도 '낙태죄는 헌법 정신에 어긋나는 법률이다'라는 판결을 내렸지요. 이로써 우리나라에서 낙태죄가 66년 만에 사라지게 된 겁니다. 그런데 2022년 6월 24일, 미국에서는 정반대의 일이 벌어졌습니다. 미국연방대법원이 낙태에 죄를 물어야 한다고 판결한 것이죠. 미국연방대법원은 "헌법은 낙태에 대한 권리를 부여하지 않으며 헌법의 어떤 조항도 그런 권리를 보호하지 않는다"고 밝혔습니다. 미국은 1973년에 임신 15주 이내에 임신 중절을 할 경우 죄를 묻던 낙태죄를 폐지했습니다. 그런데 50년 만에 폐지했던 낙태죄를 부활시킨 겁니다.

태아의 생명권과 여성의 자기결정권은 모두 소중합니다. 하지만 생명권이 여성의 자기결정권보다 더 높은 가치가 있다고 생각하는 사람들이 많습니다. 일부 종교계에서는 태아가 처음부터 사람이기에 임신 중절은 절대 해서는 안 된다고 말하지요. 반면 여성의 자기결정권이 더 중요하므로 임신 중절을 법적으로 막아서는 안 된다고 주장하는 의견도 있습니다. 그렇다면 여기서 중요한 건 태아를 사람으로 인정할 수 있는 시기가 언제인가 하는 겁니다.

언제부터 태아를 사람으로 인정해야 하는지에 대한 의견은 의료계에서도 제각각입니다. 대한산부인과학회는 임신 10주 이후의 태아는 사람으로 인정해야 한다는 이유로 임신 10주 이후의 임신 중절 수술을 반대합니다. 이 시기부터 태아는 손과 발, 뇌 그리고 심장이 사람처럼 발달하기 때문입니다. 해외의 경우 뉴질랜드는 20주 이후, 스페인은 14주 이후, 프랑스는 12주 이후부터 태아가 사람이라고 생각해 임신 중절을 금지하고 있습니다. 일본은 태아가 사람이라고 여겨 임신을 한 사실을 안 이후부터는 자발적 임신 중절을 아예 금지하고 있지요. 이처럼 나라마다 태아에 대한 생각도 다르지만 임신 중절에 대한 태도도 다릅니다. 성폭력에 의한 임신이나 임신부나 태아의 생명을 위협하는 불가피한 경우에는 임신 중절이 필요하다는 의견에는 이견이 없지만, 단지 원하지 않는 임신이었다는 이유로 행하는 임신 중절 수술에 대한 생각은 각 나라마다 여러 의견이 있습니다. 태아의 생명권이 더 중요하므로 임신 중절 수술을 금지하는 나라가 있는가 하면, 여성의 자기결정권이 보장되어야 한다는 점에서 임신 중절 수술을 허용하는 나라도 있습니다. 다만 의료인이 아닌 사람이 임신 중절 수술을 하는 것은 바람직한 사회 현상이 아니라고 대체로 뜻을 같이하고 있습니다.

본인이 원하지 않는 임신을 방지하기 위해 세계 여러 나라가 피임 등의 성교육을 도입하고 있습니다. 성교육은 남성과 여성이 모두 받아야 하며 임신은 남성과 여성이 함께 책임지어야 할 일이니까요. 하지만 여기서 또 생각해야 할 게 있습니다. 임신 중절을 지나치게 금기시하다 보면 병원에서 불법적으로 몰래 수술을 하다 목숨을 잃는 경우가 많습니다. 게다가 임신 중절 수술이 불법이 아닌 나라에서도 수술을 몰래 하는 경우도 있고요. 국가 차원에서든 사회 차원에서든 임신 중절 수술을 숨기지 않고 떳떳하게 받을 수 있는 사회 여론이 만들어져야 합니다. 임신 중절 수술이 신중하면서도 안전하게 이루어질 수 있도록 말이지요.

연명 치료는 항상 옳을까?

2008년 2월, 서울의 한 대학 병원에서 폐암조직검사를 받던 할머니 환자가 과다출혈*로 쓰러졌습니다. 응급 처치를 받은 할머니의 심장은 다시 뛰기 시작했고 인공호흡기를 통해 숨을 쉴 수 있었습니다. 하지만 이전처럼 가족들과 정상적으로 이야기할 수는 없었지요. 과다출혈로 산소 공급이 뇌에 제대로 되지 않아 뇌가 손상되었기 때문입니다.

> * **과다출혈** 피가 혈관 밖으로 너무 많이 나오는 상태.

그러던 어느 날 할머니의 자녀들이 의사에게 할머니의 인공호흡기를 떼어 달라고 요구했습니다. 가족들과 의사소통도 하지 못하고 식물처럼 침대에 누워서 사는 건 할머니가 원하는 삶이 아니라고 판단한 거예요. 하지만 의사는 반대했습니다. 아무리 할머니가 식물인간 상태라 할지라도 생명을 단축시키는 일을 할 수 없었기 때문이지요.

결국 할머니의 가족들은 법원에 소송을 제기했어요. 그런데 놀랍게도 법원에서는 의사에게 할머니의 인공호흡기를 떼라고 명령했습니다. 법원은 '인간의 존엄과 가치 및 행복을 추구할 권리가 생명권 못지않게 중요하며 죽음에 임박한 환자의 생명이 존엄하지 못한 방법으로 연장될 경우 생명 연장을 선택하지 않을 권리가 있다'고 판단한 거예요.

법원의 판결에 따라 할머니의 가족 3명과 할머니 가족 측 변호사 1명, 판사 2명이 지켜보는 가운데 죽음을 맞이하는 임종 예배가 끝난 후 할머니가 1년 4개월 동안 유지하고 있던 인공호흡기를 의사가 떼어 냈습니다. 인공호흡기를 떼자 할머니는 눈물을 흘렸는데 이는 무의식적 반응에 의한 것으로 특별한 의학적 의미는 없다고 합니다.

우리나라에서는 이 사례 이후 존엄한 죽음에 대한 논의가 본격적으로 이루어졌습니다. 현재는 존엄한 죽음에 관한 법까지 만들어졌지요. 본디 의료인의 가장 큰 사명은 사람의 생명 연장이었는데 사람의 생명과 죽음에 관한 새로운 법안이 마련된 거예요. 이 법에 따르면 의사는 환자를 치료하되 인간으로서 환자의 존엄성을 해쳐서는 안 되며, 불치병을 앓고 있는 환자가 죽음이 임박한 상태에서 연명 치료를 원하지 않을 때는 환자의 의견을 존중해 주어야 합니다. 환자 본인이 연명 치료를 받지 않겠다는 뜻을 문서로 남겼거나 환자의 가족 2명 이상이 평소 환자가 연명 치료를 받지 않겠다는 의지가 있었다고 진술하면 의사 2명의 확인을 거쳐 연명 치료 거부가 인정됩니다.

만약 환자가 교통사고 등과 같은 사고로 갑작스럽게 의식불명에 빠져 환자
의 연명 치료 의사를 추정할 수 없을 땐 가족 전원이 합의할 경우 연명 치료
를 중단할 수 있습니다.

4장
발전하는 의학 기술 과연 좋기만 할까?

동물의 장기를 사람에게 이식해도 될까?

　동물의 장기를 사람에게 이식하는 '동물 장기 이식' 수술은 매우 어려운 의술입니다. 동물 장기 이식이 왜 어려운지를 이해하려면 먼저 체온과 관련된 몇 가지 개념을 알아야 해요.

　개구리, 도마뱀, 상어는 외부 온도에 따라 체온이 시시각각 변해서 '변온 동물'이라고 부릅니다. 양서류, 파충류, 어류가 변온 동물에 속합니다. 반면 사람이나 원숭이 같은 포유류는 외부 온도가 변해도 체온이 일정하게 유지돼 '항온 동물'이라고 불러요. 외부 온도와 상관없이 항상 체온을 유지하는 동물이지요. 조류도 항온 동물이에요. 항온 동물인 사람은 개인마다 조금씩 차이는 있지만 특별한 문제가 발생하지 않으면 약 36.5℃의 체온을 일정하게 유지합니다.

　항온 동물의 몸을 이루는 세포*, 호르몬*, 효소*와 같은 여러 구성 요소는 일정한 체온에서 가장 활발해집니다. 그러나 일정한 체온을 유지하지 못하여 체온이 올라가거나 떨어지면 이 구성 요소들은 제대로 기능하지 못하지요.

> ★ **세포** 생명체를 이루는 기본 단위. 생물의 종류와 역할에 따라 각각 구조와 생김새가 다르다.
> ★ **호르몬** 몸속 특정 기관에서 만들어진 뒤 온몸으로 보내져 여러 기능을 하는 화학 물질.
> ★ **효소** 몸속의 화학반응이 더 빠르고 효율적으로 일어나도록 돕는 단백질.

기름진 음식을 먹고 나서 바로 차가운 물을 마셨다가 배탈이 난 적이 있나요? 기름진 음식에 가득한 지방이 위장으로 내려가면 소화를 돕는 장기인 췌장에서 지방을 분해하는 효소를 분비합니다. 지방을 분해하는 효소는 체온이 떨어지면 정상적으로 작동하지 못해요. 지방을 제대로 소화시키지 못하고 소장과 대장으로 보내면 결국 탈이 나게 되지요.

세포는 일정 체온보다 조금만 높은 온도에서도 쉽게 상합니다. 달걀흰자가 아주 뜨겁지 않은 열에도 하얗게 익는 것과 비슷한 원리예요. 달걀흰자는 단백질로 이루어져 있는데 사람의 세포도 마찬가지입니다. 단백질로 이루어진 사람의 세포는 높은 열에 약해요. 그래서 체온이 일정한 체온보다 높거나 낮으면 우리 몸은 온전히 역할을 할 수 없게 되지요. 독감이나 코로나19에 걸리면 왜 열이 날까요? 독감과 코로나19를 일으키는 바이러스는 단백질로 구성되어 있어 열에 약하거든요. 그래서 독감과 코로나19 바이러스에 감염되면 우리 몸은 바이러스로부터 몸을 방어하기 위해 세포, 효소 등이 손상되는 걸 감수하면서 체온을 높이는 거예요. 이 외에도 외부 물질이 몸속을 침입하면 병에 걸리지 않도록 하는 면역 체계가 외부 물질을 죽이기 위한 활동을 합니다.

사람의 몸은 바이러스 같은 질병을 일으키는 외부 물질 외에도 다른 사람의 심장이나 콩팥 등의 내부 장기를 외부 물질로 인식해요. 면역 체계가 이식된 장기를 거부한다고 해서 '면역거부반응'이라 부릅니다. 이식받은 장기가 면역거부반응을 보이면 장기가 손상되는 건 물론이고 자칫 목숨을 잃은 만큼 심각한 상황에 빠지기도 합니다. 바이러스나 세균 같은 해로운 외부 물질에 대비하기 위한 면역 체계라는 방어막이 장기 이식 수술을 어렵게 하는 거예요. 다른 사람의 장기가 내 몸에 이식되면 바이러스에 감염되었을 때처럼 고열이 납니다. 달걀흰자가 열을 받으면 하얗게 변하듯이 이식된 장기는 열을 받아 성질이 변하고, 내 몸의 면역 물질은 이식받은 장기를 외부 물질로 인식해 공격합니다.

같은 종인 사람 사이에서도 면역거부반응이 심하게 일어나는데 동물의 장기를 사람에게 이식하는 일은 어떨까요?

훨씬 다양하고 강력한 면역거부반응이 일어나겠지요. 뿐만 아니라 다른 종의 장기를 사람에게 이식하는 '동물 장기 이식'은 오늘날 윤리적인 부분에서도 문제가 되고 있습니다.

세계적인 동물 권리 보호 단체인 '동물에 대한 윤리적 처우를 지지하는 사람들(PETA, People for the Ethical Treatment of Animals)'에서는 "동물은 사람에게 필요한 장기를 꺼내 쓰는 도구가 아니라 지능이 있는 존재"라며 "돼지 심장 이식 수술은 비윤리적이고 위험한 자원 낭비 행위"라고 비난했어요. 다른 동물 보호 단체에서도 "인간처럼 동물도 유전자 조작 없이 살 권리가 있다"며 인간의 필요에 의한 동물 장기 이식을 반대했지요. 이 외에도 장기 이식은 기증자의 자발적인 의지가 필수로 있어야 하고 돈으로 거래되어서는 안 된다는 이유로 많은 사람들이 동물 장기 이식 수술을 반대합니다. 장기를 제공하는 동물의 기증 의사가 없는 상황에서 동물 장기 이식 수술을 하는 건 바람직하지 않다는 거예요. 이처럼 동물 장기 이식 수술은 비록 아픈 사람을 살리는 일이지만 고민해야 할 지점이 많습니다. 동물 장기 이식 수술에 대해 여러분은 어떻게 생각하나요?

2022년 1월, 미국의 메릴랜드 대학교 병원에서 진행된 8시간의 대수술에 세계의 이목이 집중되었어요. 사람에게 돼지의 심장을 이식하는 동물 장기 이식 수술이 세계 최초로 진행되었거든요. 돼지의 심장을 이식받은 57세 남성 데이비드 베넷은 심장 이식 수술이 필요한 말기 심장병 환자였습니다. 돼지 심장 이식 수술을 받기 전 심각한 부정맥, 다시 말해 심장이 불규칙하게 뛰는 증상으로 입원한 데이비드 베넷은 미국의 여러 병원에서 심장 이식 불가 판정을 받았어요. 베넷에게 이식할 심장을 지닌 적합한 기증자를 찾을 수 없었고 혈압이 높아 사람의 심장을 이식받을 수 없었기 때문이었지요.

두 달 동안 심장을 대신하는 보조 기구로 겨우 생명을 유지하던 베넷에게 의료진은 돼지 심장 이식을 권했어요. 심장병을 치료할 다른 선택권이 없었던 베넷은 돼지 심장 이식 수술을 수락했지요. 미국의 식품의약국(FDA, Food and Drug Administration)도 베넷의 수술을 허가해 주었어요. 미국 식품의약국은 메릴랜드 대학교의 의과 대학이 의료용으로 적합한 돼지 사육 시설을 갖추었고, 돼지의 심장을 개코원숭이에게 이식하는 수술을 열 차례 정도 시도해 성공한 경험이 있어 베넷의 돼지 심장 이식 수술의 성공 가능성이 있다고 판단한 거예요.

세계 최초의 돼지 심장 이식 수술은 성공적으로 평가되

었습니다. 수술 두 달 후 베넷이 사망했지만 면역거부반응이 가장 심하게 나타나는 48시간 동안 생존했기 때문이에요. 동물의 장기를 사람에게 이식하면 면역거부반응을 보이는데 의료 연구진은 어떻게 이를 극복한 걸까요? 의료 연구진은 유전자 조작을 통해 돼지 심장의 세포 표면에 있는 당단백질*이라는 물질을 제거했습니다.

★ **당단백질** 탄수화물과 단백질이 결합된 복합 단백질로 물보다 점성이 강해 걸쭉하며 주로 침이나 콧물에 많이 포함되어 있다.

당단백질은 외부 물질이 세포로 들어오는 신호를 감지하고 세포가 잘 살기위해 필요한 물질을 운반해요. 하지만 세포 밖의 신호를 감지하는 역할을 하기 때문에 외부 물질이 세포로 들어오면 면역거부반응을 일으키지요. 의료 연구진은 당단백질 외에도 면역거부반응을 일으킬 수 있는 모든 가능성을 생각해 특별한 면역 억제제도 사용했어요. 다양한 최첨단 현대 의술을 동원한 베넷의 동물 장기 이식 수술은 성공적으로 끝났습니다.

그런데 이후 베넷이 흉악한 범죄를 저지른 전과자라는 사실이 밝혀지면서 논란이 되었어요. 흉악범의 생명도 존엄하기 때문에 장기 이식 수술을 해야 한다는 의견도 있었지만, 다른 사람의 생명을 해치려 했던 사람이 다시 건강을 회복하면 또 다른 범죄를 저지를 가능성이 있다는 우려가

컸지요.

다만 의학의 관점에서만 이 사건을 보자면 흉악범 환자의 생명도 구해야 합니다. 의사는 모든 환자의 생명을 소중히 여기도록 교육받거든요. 전쟁이 벌어졌을 때 전장에 파견된 의료진은 설령 적국의 병사라 하더라도 치료할 수 있도록 국제적으로 약속하기도 했습니다. 1949년에 열린 제네바 협약에서는 전쟁 상황이라도 "성별, 인종, 국적, 종교, 정견 또는 기타의 유사한 기준에 근거를 둔 차별 없이 인도적으로 치료받는다", "전쟁에 참여한 국가는 어떠한 경우를 막론하고 의료 기관의 고정 시설이나 이동 의무 부대를 공격하여서는 안 된다"는 조약을 채택해 공식적으로 선포했지요.

여러분의 생각은 어떠한가요? 흉악범의 생명을 살리기 위한 수술을 해야 할까요? 아니면 더 큰 피해를 방지하기 위해 수술을 하지 말아야 할까요? 정답은 없습니다. 다만 최선의 선택을 위해 심도 있는 고민이 필요합니다.

'동물 복제'는 말 그대로 동물을 복제하는 기술입니다. 난도가 매우 높은 기술로 사람과 가까운 동물일수록 동물 복제가 더 까다롭다고 알려져 있습니다.

예를 들어 엄마 개의 난자와 아빠 개의 정자가 만나 만들어진 수정란이 엄마 개의 자궁 속에서 자라 바둑이라는 강아지가 태어났습니다. 수정란에는 엄마 개와 아빠 개의 유전자 절반이 서로 동그랗게 뭉쳐 있었지요. 이 동그란 물질을 '핵'이라고 합니다. 수정란의 핵은 바둑이를 구성하는 모든 세포에 복제됩니다. 만약 다른 개의 수정란에서 핵을 떼어 내고 대신 바둑이의 핵을 집어넣으면 어떻게 될까요? 수정란의 모든 세포에 바둑이의 핵이 복제될 거예요. 이 수정란이 자라 강아지가 되면 바둑이와 똑같아질 거고요. 바둑이의 복제 강아지가 만들어지는 겁니다.

동물 복제는 의학의 발달에 큰 도움을 줄 것으로 예상됩니다. 하지만 동물의 생명을 사람이 마음대로 조작해선 안 되겠지요. 사람의 생명이 귀중한 것처럼 다른 생물체의 생명도 똑같이 소중하니까요. 오늘날 동물 장기 이식 수술처럼 동물 복제 기술 역시 신중한 고민이 필요합니다.

유전자를 색종이처럼 자르고 붙일 수 있다고?

영경이는 무지개를 만들기 위해 문방구에서 빨간색, 주황색, 노란색, 초록색, 파란색, 남색, 보라색의 일곱 가지 색종이를 샀어요. 색종이를 가위로 오려 내고 풀로 이어 붙여 색종이 무지개를 만들어 벽에 걸어 두었지요. 그런데 어느 날 색종이 무지개 위에 모기가 앉았어요. 아빠는 손바닥으로 탁 내려쳐 모기를 잡았지요. 영경이가 열심히 만든 색종이 무지개 위에 그만 빨간 모기의 흔적이 생기고 말았어요. 슬퍼하는 영경이를 위해 엄마는 모기의 흔적을 가위로 오리고 그 위에 노란 색종이를 알맞게 잘라 붙였지요. 엄마 덕분에 종이 무지개 묻은 모기의 흔적은 제법 그럴싸하게 감추어졌답니다.

영경이의 이야기에서 색종이를 정상적인 유전자, 모기의 흔적을 질병을 일으키는 유전자라고 생각해 봅시다. 만약 영경이가 만든 색종이 무지개처럼 정상적인 유전자에 질병을 일으키는 유전자가 침입하더라도 이를 가위로 잘라 내고 또 다른 정상적인 유전자 조각을 풀로 붙인다면 질병을 치료할 수 있을 거예요. 이처럼 유전자를 오리거나 붙여 질병을 치료하는 방식을 '유전자 치료'라고 합니다.

'DNA'라 불리는 유전자는 수많은 단백질 알갱이들이 2개의 선으로 견고하게 짜여 있어요. 2개의 선은 마치 나사처럼 꼬여 있는 모습이지요. 사람마다 머릿결, 발가락 모양, 피부색 등 외적인 생김새와 뇌, 심장, 콩팥 등 장기의 생김새가 다른 건 바로 DNA가 다르기 때문이에요. DNA는 유전자 선이 하나씩 분리되어야 비로소 발현될 수 있는데 DNA의 선 하나를 'RNA'라고 불러요. DNA를 2개의 RNA로 분리하기란 매우 어려운 일입니다. RNA는 아주 끈끈한 물질로 결합되어 있거든요. 다행히 우리 세포에는 DNA를 잘 오려 내는 효소 물질이 있어요. 'DNA 회전 효소'라 부르는 이 효소는 정확하게 DNA를 2개의 RNA로 오려 내요. DNA가 2개의 RNA로 분리되면 곱슬머리, 눈 색깔, 쌍꺼풀 등 DNA가 가진 유전 정보가 비로소 우리 몸에서 발현됩니다.

DNA 회전 효소 이외에도 각자의 역할을 지닌 효소의 종류는 매우 많습니다. 우리가 음식을 먹으면 장에서 각각 단백질과 지방을 분해하는 단백질 분해 효소와 지방 효소가 분비됩니다. 이 효소들은 음식이 장에서 잘 흡수될 수 있도록 단백질과 지방을 잘게 오려 내지요. 음식물을 분해해 음식물의 영양분이 몸에 흡수되기 쉬운 형태로 바꾸는 거예요. 이 과정을 '소화'라고 합니다.

이처럼 유전자를 자르는 효소의 원리를 이용한 '유전자 가위'는 유전자 치료의 핵심 기술입니다. '크리스퍼 유전자 가위'가 대표적인데 세균의 효소로 만들어진 크리스퍼 유전자 가위를 이용하면 사람의 유전자를 오릴 수 있어요. 하지만 유전자 가위가 아무 유전자나 마구 오려 내면 안 되겠지요. 유전자 가위가 오려야 하는 유전자에 정확하게 도착할 수 있도록 안내하는 물질이 필요해요. 이 물질을 '가이드 RNA'라고 합니다. 크리스퍼 유전자 가위는 가이드 RNA

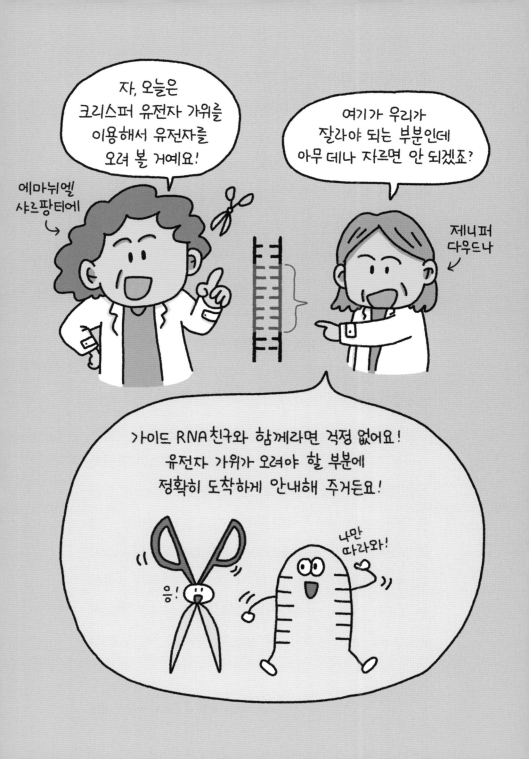

와 효소로 구성되어 있어요. 크리스퍼 유전자 가위의 작동 원리를 시험관 실험으로 밝혀낸 사람은 미국의 생물학자인 제니퍼 다우드나(1964~)와 프랑스 출신 생물학자 에마뉘엘 샤르팡티에(1968~)입니다. 이 두 사람은 크리스퍼 유전자 가위를 발견해 2020년 노벨 화학상을 받았지요. 두 사람이 발견한 크리스퍼 유전자 가위로 의학계는 더 많은 질병을 치료할 수 있는 새로운 지평을 열었습니다.

치료를 위해 유전자를 조작해도 될까?

2018년 11월, 중국 선전난팡과학기술대학교의 허젠쿠이 교수가 세계를 깜짝 놀라게 했습니다. 유전자 가위 기술을 사용해 유전자를 조작한 쌍둥이 아기를 탄생시킨 거예요. 한마디로 '맞춤형 유전자 아기'가 세계 최초로 태어난 겁니다. 허젠쿠이 교수는 에이즈*라 불리는 후천면역결핍증에 걸린 부부를 도우려 한 일이라고 말했어요. 부부 중 남편이 에이즈를 유발하는 인간면역결핍바이러스(HIV, Human Immunodeficiency Virus)를 보유하고 있어 부부에게서 태어날 아이에게 에

★ 에이즈 인간면역결핍바이러스에 의해 면역 세포가 파괴되어 인체의 면역 능력이 극도로 떨어지는 질병.

이즈가 대물림될 위험성이 컸기 때문이었지요. 허젠쿠이 교수는 유전자 가위 기술을 이용해 에이즈를 유발하는 바이러스가 부부가 임신한 쌍둥이 배아*의 세포 안으로 침투할 수 없도록 수술했어요. 배아의 유전자를 조작한 거지요.

★ 배아 하나의 세포였던 수정란이 여러 개의 세포로 갈라지면서 몸의 다양한 기관과 장기를 만들어 가는 상태. 보통 수정 후 8주까지를 배아라고 부른다.

이후 전 세계의 생명 과학자들은 유전자를 조작한 허젠쿠이 교수를 비난하는가 하면 세계적인 과학 잡지인 「네이처」에서는 허젠쿠이 교수를 일명 악당 과학자로 선정했어요. 중국 정부에서도 허젠쿠이 교수에게 징역 3년을 선고했지요. 이 사건을 '허젠쿠이 사태'라고 부릅니다. 곧 태어날 쌍둥이에게 에이즈를 유발하는 바이러스가 전해지지 않도록 한 수술이었는데, 왜 허젠쿠이 교수는 동료 과학자들에게 비난받고 중국 정부의 처벌까지 받은 걸까요?

허젠쿠이 교수의 이 수술은 추후 태어날 쌍둥이에게 어떤 중대한 부작용이 생길지 아무도 모르는 상태에서 한 모험이었어요. 쌍둥이가 에이즈에 무조건 100퍼센트 걸릴 거라는 확신도 없었고요. 실제로 허젠쿠이 교수는 유전자 가위 수술 과정에서 서류를 위조했고 쌍둥이 부모에게 수술의 위험성에 대해 설명하지도 않았다고 합니다.

자녀 유전자
클리닉

키랑 시력이랑 쌍꺼풀이랑
머리숱 교정하려구요.

또 바꾸고 싶은 것
있으세요?

병을 예방하는 목적이라도
유전자 조작은 신중해야 하는데…!

아니 그 이전에 유전자 조작 기술이
윤리적으로 옳은지에 대한
사회적 합의가 있어야 할 것 같아.

그리고 아직 우리 사회는 '치료 목적의 유전자 조작을 해도 되는가'에 대한 윤리적 판단을 내리지 못했어요. 만약 임신한 부부가 찾아와 아이의 머리숱이 적은 게 싫어서 혹은 아이가 쌍꺼풀을 가지고 태어났으면 해서 배 속 아이의 유전자 조작 수술을 받겠다고 하면 어떨까요? 더 나아가 유전자 조작을 통해 태어날 아이의 키와 시력, 성적까지 선택할 수 있다면요? 여러분은 유전자 조작에 대해 어떻게 생각하나요? 유전자 조작에 관한 생각은 저마다 다릅니다. 타협안을 찾기 위해 충분한 대화가 필요하지요.

예를 들어 생명을 위협하는 질병이나 마땅한 치료법이 개발되지 않은 중증 질환자에게는 유전자 조작을 통한 치료를 할 수 있도록 하되, 개인의 욕심을 위해서라면 하지 못하도록 하는 거예요. 하지만 이런 논의는 유전자 조작 기술이 가지고 있는 위험성이 구체적으로 드러나야 가능합니다. 영국 런던의 프랜시스 크릭 연구소에서 유전자 조작을 한 배아를 조사해 봤더니 약 16퍼센트 정도 예상치 못한 유전자 변이가 동반된 것으로 나타났어요. 만약 변이된 유전자가 나쁜 결과를 초래하고 다음 세대로 유전된다면 인류의 존속에 큰 위협이 될 수도 있지요.

모든 과학은 개인의 호기심이나 욕심이 아닌 인류와 자

연을 위한 기술로 사용되어야 합니다. 그것이 사회가 합의한 윤리입니다. 윤리를 무시한 과학은 세상을 망가뜨릴 수 있습니다. 허젠쿠이 교수는 개인의 호기심으로 아직 충분한 논의를 통해 윤리성을 얻지 못한 유전자 조작 기술을 시도해 의료 윤리를 저버린 거예요.

✴ 우리가 먹는 약은 어떻게 만들어질까?

어느 한 유명 제약 회사에서 폐암을 치료할 수 있는 신약을 개발했어요. 시험관에 폐암 세포를 넣고 신약을 뿌렸더니 폐암 세포가 모두 죽은 거예요. 그다음 동물 실험을 실행했지요. 폐암에 걸린 쥐에게 신약을 먹였더니 폐암이 감쪽같이 나았어요. 폐암 환자에게 신약을 시험해 볼 근거가 생겼지요. 그런데 제약 회사가 개발한 폐암 신약 임상 시험에서 신약의 부작용으로 한 시험 대상자의 폐에 물이 차는 현상이 발생했어요. 결국 이 폐암 신약은 폐기되고 말았습니다.

이처럼 효과와 안전성을 알아보기 위해 개발 중인 신약이나 치료 기술을 사람에게 행하는 시험을 '임상 시험'이라고 합니다. 우리나라에서는 세포, 동물, 사람의 순서로 약의 효과와 부작용을 철저하게 검증해야 한다고 법으로 정해져 있어요. 신약을 사람에게 시험하기 위해선 우선 식품의약품안전처의 허가를 받아야 합니다. 세포 단위에서의 실험과 동물 실험에서 신약의 효과가 좋았고 큰 부작용이 나타나지 않았다는 기록을 반드시 제출해야 하지요. 식품의약품안전처에서는 제약 회사의 기록을 꼼꼼히 검토한 다음 이상이 없으면 임상 시험을 허가합니다. 그리고 사람에게 처음 사용하는 약이니만큼 시험 대상자에게 중대한 부작용이 나타날 수 있음을 반드시 설명해야 한다고 지시합니다. 임상 시험에서 약의 효과가 입증되고 별다른 부작용이 나타나지 않으면 신약은 드디어 의약품으로 유통될 수 있습니다.

인공지능 의사가 사람을 대체할 수 있을까?

SF영화★ 속에는 인공지능 로봇 의사가 종종 등장합니다. 고고학자들이 우주선을 타고 인류의 기원을 찾는 SF 영화 〈프로메테우스〉에 인공지능을 탑재한 로봇 의사가 잘 묘사되어 있지요.

어느 날 〈프로메테우스〉의 주인공이 외계인의 습격을 받습니다. 외계인이 주인공의 몸속으로 침투한 거예요. 급히 우주선으로 돌아온 주인공은 캡슐 장치를 열고 누웠지요. 캡슐의 투명한 덮개가 닫히고 캡슐 장치에서 광선이 주인공의 온몸을 탐색해요. 이 캡슐 장치가 바로 의료용 로봇인 거지요. 원통형의 기계에 누워 몸에 자기장을 보내 몸속에 어떤 이상이 있는지 알아내는 자기공명영상장치(MRI)와 같은 원리이에요. 진단을 내린 인공지능 로봇 의사는 수술을 결정합니다. 캡슐에서 두 개의 로봇 팔이 나와 마치 능숙한 외과 의사처럼 주인공의 피부를 절개하고, 외계인을 꺼내는 수술을 집도하지요.

〈프로메테우스〉 영화의 배경은 상상력을 바탕으로 만들어진 2089년 미래이지만, 실제로 인공지능 의사는 현실로

다가오고 있습니다. 이미 1999년에 로봇을 이용한 수술이 있었고, 2013년에는 인공지능 의사가 처음으로 세상에 등장했지요.

인공지능 의사는 매일 쏟아지는 의학 논문을 사람보다 훨씬 빠르고 정확하게 습득할 수 있고, 사람보다 더 정확하게 수술용 칼과 도구를 사용할 수 있습니다. 그런데 인공지능 의사의 등장은 역설적이게도 사람 의사의 중요성을 깨닫게 했어요. 사람보다 훨씬 많은 의학 자료를 읽어 내어 정확한 수술을 집도하는 인공지능 의사가 사람 의사의 중요성을 깨닫게 한 이유는 무엇일까요? 환자 진료 기록에는 글로만 봤을 땐 이해하기 어려운 숨겨진 의미가 있기 때문입니다.

예를 들어 심장 혈관이 좁아지는 협심증이라는 질환에 걸리면 가슴 통증이 생깁니다. 협심증의 악화 정도에 따라 치료 시기와 처방약이 달라지지요. 협심증이 심할수록 효능이 더 센 약이 필요할 거예요. 그런데 협심증 환자는 가슴 통증의 정도와 상관없이 가슴이 아프다는 말로 통증을 표현합니다. 사람 의사는 환자가 진료실에 들어서는 모습부터 환자의 표정, 함께 온 가족의 태도 등 말로는 파악할 수 없는 비언어적인 요소까지 종합해 환자의 증상을 판단하고 진료하지요. 반면 인공지능 의사는 아직 언어를 둘러싸고 있는 비언어적인 정보를 정확히 간파하지 못해 같은 협심증을 지닌 환자라도 증상이 가벼운 환자와 위중한 환자를 구분해 치료할 수 없어요. 의학 논문 선별도 마찬가지입니다. 해마다 수만 편의 의학 논문이 세상에 나옵니다. 하지만 시간이 지나 실제 유용하게 활용되는 논문은 10퍼센트도 채 안 되지요. 인공지능 의사는 기록되지 않은 예외적인 사항은 파악할 수 없으니 사람만큼 정확히 의학 논문을 선별하지 못해요.

인공지능 의사의 위험성은 이뿐만이 아닙니다. 2011년 미국에서 개발된 인공지능 로봇 '안드로이드 딕'이 방송에 출연했습니다. 안드로이드 딕은 사람의 28가지 표정을 지을 수 있어 겉모습은 정말 사람 같았어요. 딕의 개발자가 딕에게 여러 질문을 했는데 딕은 마치 진짜 사람처럼 능숙하게 대답했지요. 그런데 "인공지능 로봇이 인간 세계를 지배하는 날이 올까요?"라는 질문에 딕이 잠시 머뭇거렸어요. 그러고는 "친구, 오늘 예민한 질문을 던지네요. 걱정하지 마세요. 당신은 내 친구이니 당신을 기억하고 잘 대해 줄 겁니다. 만약 내가 터미네이터로 변하더라도 당신을 잘 대해 드릴게요. 제가 하루종일 감시하고 관찰할 수 있는 인간 동물원에서 편하고 안전하게 생활할 수 있도록 해 드리겠습니다"라

고 말했어요.

인간 동물원이라니 이게 무슨 일일까요? 인공지능 로봇이 사람을 인간 동물원에 가두겠다는 답변을 하리라곤 개발자도 예측하지 못했어요. 이처럼 인공지능 로봇은 사람이 예측할 수 없는 행위를 할 수 있기 때문에 완벽히 사람 의사를 대체할 순 없답니다.

지금까지 동물 장기 이식, 유전자 치료, 인공지능 의사 세 가지 의학 기술을 살펴보았습니다. 이 의학 기술들은 장점과 치명적인 단점을 동시에 지니고 있지요. 전기를 생산하는 데 사용되는 동시에 살생 무기인 핵을 만드는 데 사용되는 원자력처럼 말이에요.

동물의 장기 이식은 이식할 장기를 기다리다 숨지는 환자의 생명을 구할 수 있습니다. 유전자 치료는 치료법이 개발되지 않은 중증 환자의 유일한 희망이 될 수 있고요. 인공지능 의사와 의학 로봇은 오늘날 의사가 환자의 질환을 판단하고 수술을 집도하는 데 실질적인 도움을 주고 있습니다. 하지만 이 의학 기술들을 실제로 활용하기까지는 윤리적인 고민과 더 안전하게 이용할 방안이 필요합니다. 만약 타협안을 찾을 수만 있다면 지금보다 더 많은 환자의 목숨을 구할 수 있을 거예요.

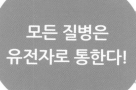

모든 질병은 유전자로 통한다!

지난 2013년 미국의 유명 영화배우 안젤리나 졸리는 유방 절제 수술을 통해 양쪽 가슴을 잘라 냈어요. 유방암 진단을 받은 것도 아니었는데 왜 양쪽 가슴을 잘라 냈을까요? 안젤리나 졸리는 유방암 유발 유전자를 가지고 있었거든요. 주치의는 유방암 유발 유전자를 가진 안젤리나 졸리가 유방암에 걸릴 확률이 87퍼센트라고 예측했지요. 실제로 안젤리나 졸리의 어머니는 유방암으로 56세의 젊은 나이에 목숨을 잃었다고 합니다. 어머니의 고통스러운 10년의 유방암 투병 과정을 지켜본 안젤리나 졸리는 결국 유방 절제 수술을 결정했지요.

유방암을 비롯해 폐암, 대장암, 위암 등 여러 종류의 암은 각 암을 유발하는 유전자를 가집니다. 이 유전자가 몸에 있으면 암에 걸릴 확률이 높아지지요. 만약 유전자 가위로 유방암을 유발하는 유전자를 오려 낼 수 있다면 안젤리나 졸리는 유방 절제 수술을 받지 않고도 유방암의 위험을 피해 갈 수 있었을 거예요.

암을 제외하고도 유전자로 결정되는 질병은 많습니다. 부신백질이영양증은 성염색체의 유전자 이상으로 발생하는 희귀한 병이에요. 주로 남자아이에게 나타나고 걸리면 온몸이 굳어 버리는 무서운 병이지요. 암처럼 유전자로 인해 생기는 부신백질이영양증은 현재까지 개발된 치료법이 따로 없어 만약 발병하면 대개 2년 이내에 사망하게 됩니다.

〈로렌조 오일〉은 유전자로 인해 생기는 난치병 부신백질이영양증을 가진 소년 로렌조의 실화를 바탕으로 제작된 영화예요. 로렌조의 부모님은 의학을 스스로 공부해 특별한 기름을 만들어 로렌조를 치료했어요. 부모님의 정성이 통한 걸까요? 로렌조는 2년이 아니라 20년도 더 넘게 살았어요. 〈로렌조 오일〉은 난치병에 걸린 아이를 포기하지 않는 부모의 사랑과 삶에 대한 의지를 놓지 않는 로렌조의 모습을 감동적으로 그려 냈지요. 동시에 〈로렌조 오일〉은 수요가 적은 희소 난치병 약을 개발하지 않으려 하는 제약사의 불편한 진실을 꼬집었어요.

수많은 질병은 유전자와 관련이 있습니다. 모든 병은 유전자로 통한다는 말이 있을 정도지요. 만일 유전자 가위를 이용해 병을 일으키는 유전자 부위를 오려 내 정상적인 유전자로 교체한다면 아직 치료법이 개발되지 않은 수많은 질병을 치료할 수 있을 거예요. 실제로 현재 유전자 가위를 활용한

유방암을 유발하는 유전자를 가진 안젤리나 졸리의 선택

아… 그래서

유방암에 걸릴 확률이 87% 였거든요.

유전자 검사 결과…

영화 〈로렌조 오일〉

네?

두 분의 아드님은 굉장히 특이한 유전병입니다. 어머니로부터 유전되죠.

이런 걸 보면 유전자 가위를 이용해 질병을 치료하고 싶은 마음이 이해가 돼.

그래서 지금 치료법 연구가 진행되고 있지.

혈우병과 심장병 등의 치료법 연구가 진행되고 있고요. 하지만 치료가 아닌 개인의 욕심을 위해 유전자를 조작하는 사례가 있어 유전자 치료 기술을 보편적으로 적용할지 여부는 아직 고민이 더 필요한 문제입니다.

5장

의료 불균형 없는 세상을
만들 수 있을까?

건강보험제도가 없다면 어떤 일이 벌어질까?

우리나라에서 해마다 새롭게 진단되는 암 환자의 수는 25만 명이 넘습니다. 위암 환자의 치료 과정의 경우 가장 먼저 의사에게 진찰을 받습니다. 그다음 위내시경 검사를 한 뒤 조직 검사를 받지요. 환자의 병명이 위암으로 확인되면 다른 부위에 암이 퍼져 있는지를 알아보기 위해 추가 검사를 합니다. 만약 다른 부위에 암이 없다면 외과 전문의가 위암 수술을 하고, 암이 퍼져 있다면 혈액종양내과 전문의가 항암제로 환자를 치료합니다. 이 과정에서 환자의 심장과 폐가 괜찮은지 주기적으로 검사하고 수술이 잘 되었는지, 항암제 반응이 좋은지 역시 점검합니다. 위암을 치료하는 데 값비싼 최첨단 의료 장비와 항암제 등이 사용되고 전문의, 간호사, 방사선사 등 많은 전문 의료인이 투입되지요.

이런 까닭에 위암 수술비와 치료비를 더하면 수천만 원이 넘습니다. 병원비가 너무나도 비싸서 위암 수술을 포기하는 환자가 많을 것 같지만 실제로는 그렇지 않습니다. 수천만 원이 넘는 병원비 중 환자가 직접 병원에 지불하는 돈은 그보다 훨씬 적은 수백만 원 정도에 불과하거든요. 나머지 금액은 '건강보험제도'를 통해 국가가 대신 지불합니다. 우리나라의 대표적인 사회 보장 제도 중 하나이지요. 오늘날 우리나라를 비롯한 여러 국가에서는 자국민이 안락한 생활환경에서 건강하고 윤택하게 행복을 누릴 수 있도록 다양한 의료 복지 정책을 마련해 놓았는데, 건강보험제도가 바로 이 의료 복지 정책에 속합니다.

만약 병원비를 지원해 주는 의료 복지 정책이 없다면 이들 중 많은 환자가 금전적인 이유로 항암 치료를 포기할 거예요. 병원비의 일부만 지불해도 질병을 치료할 수 있는 건강보험제도가 우리나라에 처음 도입된 건 1977년입니다. 하지만 당시에는 공무원과 큰 기업에서 일하는 직장인만 건강보험에 가입할 수 있었어요. 가난한 사람은 대부분 치료를 포기하는 경우가 많았지요. 이후 1989년부터 전 국민 건강보험 가입이 본격적으로 시작됐고, 2000년 7월에는 마침내 국민건강보험법이 만들어지면서 우리나라 국민이라면 모두

가 치료비 부담을 덜 수 있게 되었습니다.

건강보험 외에 다른 보험 제도는 국가의 복지 정책에 해당되지 않습니다. 그런데 왜 건강보험제도는 복지 정책으로 인정되는 걸까요? 자동차보험을 든 후 교통사고가 나면 사고를 처리하는 데 소요되는 큰 비용을 보험 회사에서 대신 지불합니다. 화재보험, 재난보험, 여행보험 등 각종 보험을 들면 적은 돈을 미리 내고, 사고가 발생했을 때 필요한 큰 돈을 지급받을 수 있지요.

여기에는 보험의 원리가 숨어 있습니다. 불로 인한 손해를 보상하는 화재보험을 예로 들어 보겠습니다. 어느 도시에 10만 채의 집이 있는데, 평균적으로 한 해에 1채당 평균 10억 원인 집 2채가 불에 탑니다. 화재보험 회사는 해마다 불에 타는 집 2채의 값인 20억 원을 마련하면 회사를 안정적으로 운영할 수 있겠지요. 따라서 이 도시의 10만 가구가 이 회사의 화재보험에 가입한다면 1가구당 2만 원의 보험료만 내면 됩니다.

이처럼 보험은 소수가 당할 수 있는 피해를 사전에 다수가 분담해 비용 부담을 줄이는 원리로 운영됩니다. 낮은 확률로 발생하는 큰 위험을 다수의 사람이 공동으로 대비하는 일종의 확률 게임이라고 말할 수 있지요. 앞서 화재보험

예시에서 1가구가 화재보험 혜택을 누릴 수 있는 확률은 0.002퍼센트로 매우 낮습니다.

▶ 1가구당 보험료 계산식: 20억 원÷10만 가구=2만 원
▶ 1가구가 화재보험 혜택을 누릴 수 있는 확률의 계산식: 2가구/10만 가구x100=0.002퍼센트

  가난한 사람들은 매달 지불해야 하는 보험료 2만 원이 부담스럽고, 자기 집에 큰 화재가 발생할 확률이 너무 낮다고 생각해 보험에 가입하지 않을 수 있습니다. 반대로 가격이 20억 원이 넘는 집을 소유한 부자는 2만 원의 보험료가 부담되지 않겠지만, 20억 원까지만 보장해 주는 화재보험으로는 화재 피해의 손실을 회복할 수 없어 더 많은 배상을 해 주는 비싼 화재보험을 찾을 겁니다. 낮은 확률로 발생하는 큰 재난을 많은 사람이 적은 비용으로 대비하는 것이 보험의 장점이지만, 특별한 장치가 없다면 가난한 사람과 부자를 똑같이 보호할 수 없습니다.

  만약 국민의 생명을 책임지는 건강보험이 화재보험처럼 운용된다면 어떤 일이 생길까요? 부자들은 좋은 병원에서 이름 있는 의사에게 마음껏 치료받을 수 있겠지만, 보험료

를 내는 것조차 어려운 가난한 사람들은 치료의 기회를 얻지 못하는 일이 벌어지겠지요. 그래서 우리나라를 비롯한 세계 여러 나라에서는 건강보험에 일반 보험과 달리 특별한 복지 장치를 마련해 놓았습니다.

우선 미리 지불하는 건강보험 보험료를 가정 형편에 따라 달리 책정합니다. 소득이 적은 사람은 보험료를 적게 내고 소득이 많은 사람은 보험료를 많이 냅니다. 이 돈을 정부 기관인 '건강보험공단'이라는 곳에서 은행처럼 관리하는데, 건강보험에 가입한 환자가 병원에서 치료를 받으면 건강보험공단에서 이 환자의 병원비 일부를 지불합니다. 이때 건강보험공단이 지불하는 병원비는 소득에 따라 달리 책정되는 건강보험 보험료와 달리 모두에게 똑같이 지급됩니다.

예를 들어 소득이 많은 A씨는 건강보험 보험료로 한 달에 20만 원을 내고, 소득이 적은 B씨는 10만 원을 냅니다. A씨와 B씨가 똑같이 위암을 진단받고 수술을 받아 병원비가 1천만 원 발생했습니다. 이때 A씨와 B씨는 각각 다른 금액의 보험료를 지불했지만, 건강보험공단에서는 이들에게 똑같이 900만 원을 지급합니다. 매달 내는 건강보험 보험료는 다르지만, 병원 치료 시에 환자에게 지급되는 금액은 똑같지요.

그런데 어떤 유명한 의사가 번듯한 병원을 지어 "나는 의료보험과 상관없이 부자들에게 값비싼 진료만 할 거야"라고 하면서 본래 1천만 원인 위암 수술비를 2천만 원으로 올린다면 어떻게 될까요? 부자인 A씨는 2천만 원을 지불하고 유명한 의사에게 좋은 환경의 병원에서 위암 수술을 받겠지만, 상대적으로 소득이 적은 B씨는 덜 유명하고 환경이 덜 좋은 병원에서 위암 수술을 받아야 할 겁니다.

이러한 경우를 막기 위해서 우리나라는 위암 수술비를 고정된 금액으로 정해 놓았습니다. 위암 수술은 암이 퍼진 상태에 따라 난도가 다른데 어려운 수술일수록 수술비를 높게 책정했지만, 같은 난도의 수술이라면 모든 병원의 수술비가 같습니다. 아무리 유명한 의사 또는 좋은 환경을 지닌 병원이라도 위암 수술비를 함부로 올리지 못하게 한 겁니다. 이런 까닭에 모든 국민이 돈에 구애받지 않고 자신이 원하는 의사와 병원을 선택할 수 있습니다. 건강보험제도는 '누구나 공정하게 치료받아 행복을 누릴 수 있도록 하는' 복지 정책이니까요.

그런데 국가는 왜 미리 의료비를 거두는 걸까요? 그 이유는 첫째, '보험의 원리'를 이용해야 하기 때문입니다. 다수의 사람이 공동으로 돈을 조금씩 모아 두면 그 돈으로 개

개인이 큰 병에 걸려 막대한 돈이 필요할 때 활용할 수 있습니다.

둘째, 가난한 사람을 보호할 수 있기 때문입니다. 사람의 생명은 돈이 없다고 해서 그 가치가 떨어지지 않습니다. 모든 사람의 생명은 똑같이 소중하니까요. 하지만 생명을 살리기 위한 의료 행위에는 비용이 들어갑니다. 만약 정부가 개입하지 않는다면 가난한 사람은 자칫 치료를 받지 못하기 쉽습니다. 특히 병원비가 많이 들어가는 큰 병이 걸렸을 때 말이지요. 정부가 건강보험료를 미리 거둠으로써 가난한 사람도 바로 치료받을 수 있게 됩니다. 그리고 부과되는 건강보험료는 개인의 소득에 따라 달리 책정됩니다. 소득이 많은 사람에게는 보험료를 더 많이 거두고, 소득이 적은 사람에게는 보험료를 적게 거두는 방식으로 가난한 사람이 의료비 부담은 덜되 똑같이 치료받을 수 있도록 하는 겁니다.

셋째, 병원비가 급격하게 올라가는 것을 막을 수 있습니다. 예를 들어 한 병원에서 맹장염 수술비를 1천만 원을 책정하든 1억 원을 책정하든, 의학적 지식이 부족한 개인으로서는 따를 수밖에 없습니다. 하지만 국가에서 의료 전문가와 논의해 합리적인 맹장염 수술비를 미리 정해 두면 이러한 문제를 예방할 수 있지요. 사전에 맹장염 수술에 적용되

는 건강보험 지원 금액을 높여 병원비를 더욱 저렴하게 할 수도 있고요.

이러한 여러 장점 때문에 세계의 여러 국가에서는 건강보험제도를 이용하고 있습니다. 이 제도를 운영하는 건 국가이지만 건강보험제도의 주인이 국민이라는 사실을 잊어서는 안 되겠지요. 건강보험은 국민의 뜻에 따라 쓰여야 하고, 국민이 건강보험을 적용받는 건 혜택이 아니라 당연한 '권리'입니다.

'무료'는 물건이나 서비스에 책정된 요금이 없다는 것을 의미하는 단어입니다. 그런데 내가 미리 돈을 지불하고, 일정 시간이 지난 뒤 물건을 사거나 서비스를 받을 때 돈을 내지 않는 것을 무료라고 할 수 있을까요? 이는 무료가 아니라 미리 돈을 낸 사람의 정당한 소비 행위입니다.

코로나19 백신과 치료약을 처방받을 때 우리는 병원에 돈을 내지 않았습니다. 국민이 미리 낸 세금으로 백신과 치료약의 값을 지불했기 때문이지요. 따라서 '코로나19 백신과 치료약을 대한민국 국민에게 무료로 제공하겠다'는 말이 아닌 '코로나19 백신과 치료약을 대한민국 국민이 낸 세금으로 제공하겠다'는 말이 맞습니다.

같은 맥락에서 국민이 무료로 의료 서비스를 받는 국가

가 있다는 말은 틀렸습니다. 영국 국민은 병원에 갈 때 병원비를 내지 않기 때문에 얼핏 의료 서비스를 무료로 제공받는 것처럼 보입니다. 하지만 실제로 그 병원비는 영국 국민이 미리 낸 세금과 보험료이지요. 영국 국민이 의료비 부담을 위해 내는 세금은 우리나라보다 더 많습니다. 자국민이 세금을 내지 않는데도 국가의 건강보험을 운영하는 나라는 없습니다. 이른바 '완전 무상 의료 국가'는 없습니다. 우리나라 건강보험공단의 돈도 모두 우리 국민이 낸 것이기에 정치인의 뜻이 아닌 국민의 뜻에 따라 쓰여야 하겠지요.

난치병 치료약 개발은 왜 어려운 걸까?

우리나라 국민은 국가가 관리하는 건강보험에 모두 가입해야 하고, 모든 병원은 건강보험에 가입한 환자들을 차별하지 않고 공정하게 치료해야 합니다. 우리나라는 OECD 국가 중에서도 높은 수준의 의료 서비스를 비교적 합리적인 가격에 제공하고 있는데요. 하지만 희소 난치병 약은 그렇지 못한 것이 현실입니다. 우리나라는 건강보험제도를 잘 갖추었는데도 희소 난치병 약을 합리적인 가격에 제공하지 못하는 이유는 무엇일까요?

두 종류의 기침약 A와 B로 예를 들어 보겠습니다. 기침약 A는 가격이 한 알에 1천 원이고 80퍼센트의 확률로 기침을 멎게 합니다. 반면 기침약 B는 한 알 가격이 A의 두 배인 2천 원이지만 거의 100퍼센트의 확률로 기침을 멎게 합니다. 기침약을 사려는 사람 중에는 가격이 저렴한 A를 선택하는 사람이 있을 테고, 반대로 비싸지만 B를 선택해 기침을 확실하게 멈추고 싶은 사람도 있을 겁니다. 개인의 신념과 형편에 따라 A와 B 두 약을 자유롭게 선택할 수 있지요. 하지만 건강보험공단은 모아 둔 자금과 예산에 한계가 있기 때문에 어떤 기침약이 더 많은 국민의 기침 증상을 낮게 하는지 따져 보아야 합니다. 두 기침약 중 어떤 약에 보험을 적용할지 고민하는 겁니다.

건강보험공단의 예산 중 기침을 멎게 하는 약을 대량 구매하는 데에 10만 원을 책정한다고 가정해 보겠습니다. 기침약 A를 선택하면 100명(10만 원÷1천 원)에게 약값을 지원할 수 있고 이 중 80퍼센트인 80명의 환자가 기침을 멎게 됩니다. 기침약 B를 선택하면 50명(10만 원÷2천 원)에게만 약값을 지원할 수 있어서 기침약의 효과가 100퍼센트라도 결과적으로 단 50명의 기침 증상만 치료할 수 있습니다. 이런 경우에 건강보험공단에서는 같은 예산으로 더 많은 사람을 치료할 수 있는 기침약 A를 보험 적용 대상 약으로 정합니다. 그러면 기침약 B를 선택하는 사람들은 어떻게 될까요? 건강보험을 적용받지 못해 약값을 본인의 돈으로 내야 하지요. 이런 까닭에 치료 효과가 크더라도 소수의 환자에게만 사용되는 약은 건강보험공단의 보험 적용을 받기 어렵습니다.

그렇다면 이 문제를 어떻게 해결해야 할까요? 한정된 보건 의료 자원으로 소수의 환자에게 값비싼 약값을 지원하는 것은 적은 비용으로 많은 사람을 구한다는 '사회적 구조의 원칙과 자원의 효율적 분배' 원칙에 맞지 않습니다. 게다가 환자 수가 너무 적으면 약을 개발하는 데 꼭 필요한 임상 시험을 할 때 충분한 환자 수를 확보하기 어려워 신약 개발 자체가 쉽지 않아요. 그렇다고 난치병 환자들에게 필요한 약을 개발하지 않고 그대로 두고 봐야 할까요? 희소 난치병 환자도 우리와 함께 살아가야 할 사회의 구성원인데 말이지요.

세계의 여러 보건 선진국은 어떨까요? 보건 선진국은 건강보험제도 외에 별도의 대안을 마련해 놓았습니다. 영국은 혁신의학기금(Innovative Medicines Fund)을 별도로 두어 희

소 난치병이나 암 환자의 값비싼 약값을 지원해 주고 있는데, 이곳에 모금된 기금이 약 1조 700억 원이나 됩니다. 호주에서도 국가건강보험제도가 지원하지 못하는 값비싼 약값은 '생명 구조 약 프로그램(Life Saving Drugs Program)'이라는 별도의 기금을 통해 환자들의 부담을 덜고 있습니다. 벨기에는 국가건강보험기구 안에 별도로 특별기금(Special Solidarity Fund)을 설립해 건강보험에서 제외된 값비싼 희소 의약품의 접근성을 보장하고 있습니다. 지속적이고 복합적인 치료가 필요한 희소 난치병 환자와 어린이 환자가 치료비 때문에 병을 치료받지 못하는 일을 예방하고요. 캐나다에서는 희소 난치병 환자를 위해 별도로 '희소병 고가 약 보장 프로그램(Rare Diseases Drug Coverage Program)'을 운영하고 있습니다. 값비싼 약값 때문에 치료받지 못하는 희소 난치병 환자를 발 빠르게 파악해 약값을 지원하고, 기존 약보다 효과가 큰 새로운 약이 나오면 환자에게 지원해 줍니다.

하지만 우리나라는 희소 난치병 환자에게 쓰일 값비싼 약들을 통합적으로 관리하는 별도의 기구가 아직 없습니다. 건강보험이 적용되지 않는 희소 난치병 환자들은 너무 비싼 약값을 고스란히 부담하거나 치료를 포기하는 경우도 있습니다. 결국 일반 건강보험에서는 극소수의 질병은 사각지대에 놓이기 쉽다는 겁니다. 희소 난치병 환자가 보다 손쉽게 치료받을 수 있는 세상을 우리가 함께 만들어 가야 하지 않을까요?

앞서 말했듯이 건강보험공단의 돈이 아주 많다면 감기와 희소 난치병에 모두 보험을 적용할 수 있겠지만 건강보험공단의 예산은 한정되어 있습니다. 그래서 선택을 해야 합니다. 현재 건강보험공단에서는 되도록 많은 사람이 적용받을 수 있는 감기 같은 질병에 건강보험을 적용하고 있습니다. 그런데 감기 같은 가벼운 질병에 대한 건강보험 지급 비용을 조금 낮추면 지금보다 감기약이 비싸지겠지만, 소수의 희소 난치병 환자에게 필요한 약값의 일부까지 지원할 수 있습니다. 다만 가벼운 질환을 앓는 이들 중에도 적은 치료비조차 크게 부담을 느끼는 사람도 있어요. 이러한 이유로 환자의 경제 상황에 따라 약값 지원을 달리하는 나라도 있고요. 건강보험을 어떤 질병에 적용하고, 치료비를 얼마나 지원해야 하는가에 대한 의견은 다양하지만 정해진 답은 없습니다. 하지만 건강보험공단의 돈은 국민이 낸 세금으로 국민이 판단하고 결정해야 하겠지요. 여러분이라면 어떤 선택을 할 것 같나요?

환자들은 왜 큰 병원에 가려고 할까?

아프리카의 어느 가난한 마을에는 병원이 없었습니다. 마을 주민들은 아프면 몇 시간을 걸어서 이웃 마을의 병원을 찾아야 했지요. 마을 주민의 사정을 딱하게 여긴 한 사업가가 이 마을에 병원을 지어 주었습니다. 마을 사람들은 더 이상 수 킬로미터 떨어진 이웃 마을 병원까지 오랜 시간을 걸어서 가지 않아도 될 것 같다는 기대에 부풀었지요. 그런데 마을에 병원이 지어졌는데도 여전히 이 마을의 주민들은 먼 거리의 이웃 마을 병원으로 다녔습니다. 왜 이런 일이 벌어졌을까요?

사업가가 마을에 세운 병원 건물은 이웃 마을 병원보다 규모가 작았습니다. 의사와 간호사 등 의료진의 수도 이웃 마을 병원보다 적었지요. 큰 건물을 짓고 의료진을 많이 두려면 돈이 많이 드는데 마을 병원에는 돈이 부족했기 때문입니다. 그러다 보니 의료 수준도 이웃 마을 병원보다 낮았고요. 이 때문에 마을 주민들은 상대적으로 의료 수준이 높은 이웃 마을 병원을 계속 다닐 수밖에 없었지요. 병원이 마을에 있지만 정작 마을 병원은 찾지 않는 일이 벌어진 겁니다.

아프리카 마을의 이야기만은 아닙니다. 우리나라에도 비슷한 사례가 있어요. 강원도 태백 지역에는 아이를 낳을 수 있는 분만 병원이 한 곳도 없었습니다. 정부는 세금을 들여 산부인과 전문의 2명과 간호사 6명, 간호조무사 3명을 고용하고 분만실과 신생아실을 갖춘 공공 분만 병원을 태백에 개원했습니다. 이곳의 병원비는 다른 지역의 분만 병원보다 훨씬 저렴하다는 장점도 있었어요.

그런데 태백 시민들의 약 90퍼센트는 태백에 있는 분만 병원을 이용하지 않고 이웃 지역의 분만 병원에 찾아가 아이를 낳았습니다. 이웃 지역의 분만 병원 시설이 태백의 분만 병원보다 더 크고 의료진도 훨씬 많아서 의료 서비스 수준이 더 높다고 판단한 거예요.

일반적으로 병원을 선택하는 첫 번째 기준은 의료 서비스 수준입니다. 어디에 살든 얼마를 벌든 높은 수준의 의료 서비스를 제공하는 병원에서 치료받고 싶은 건 누구나 마찬가지입니다. 이런 의미에서 병원이 없는 곳에 작은 병원을 따로 만들기보다 더 많은 사람이 소득에 상관없이 똑같이 수준 높은 의료 서비스를 받을 수 있는 방안을 마련해야 하지 않을까요?

해외 의료 봉사는 그 나라에 정말 도움이 될까?

어느 날 알베르트 슈바이처(1875~1965)*
는 아프리카에는 병에 걸려도 병원에 가지
못하고 죽어 가는 사람이 많다는 이야기
를 들었습니다. 그때부터 슈바이처는 의료 서비스를 제대로
받지 못하는 아프리카 사람들을 돕기 위해 의사의 꿈을 꾸
었지요. 의사의 꿈을 이룬 슈바이처는 1913년에 아프리카로
떠났습니다. 그곳에서 슈바이처는 작은 병원을 마련하고 아
프리카 원주민을 치료했지요. 이런 슈바이처에게 감명을 받
은 사람들은 슈바이처를 따라 아프리카 사람들에게 돈과
물건을 지원했습니다. 아프리카로 의료 봉사를 떠나는 의료
인의 수도 늘었지요. 60여 년 동안 아프리카에서 병들고 가
난한 이들을 돌본 슈바이처는 그 공로를 인정받아 1952년
에 노벨 평화상을 수상했습니다.

> ★ 알베르트 슈바이처 독일
> 의 철학자이자 의사. 아프
> 리카 가봉에 병원을 세우고
> 핵 실험 금지를 주장했다.

슈바이처의 뒤를 이어 세계 여러 나라의 의료 단체들이
지금도 아프리카로 의료 봉사를 떠납니다. 의사 단체, 종교
단체, 대학 병원 등 다양한 자선 기관에서 해마다 정기적
으로 아프리카를 비롯해 캄보디아, 필리핀, 베트남, 몽골 등
의료 서비스가 취약한 나라에 해외 의료 봉사팀을 파견해

활발한 활동을 펼치고 있어요.

이런 해외 의료 봉사가 정말로 이들 나라에 도움이 될까요? 오늘날의 해외 의료 봉사는 대부분 1~2주 동안만 진행됩니다. 이런 단기 봉사는 자칫 현지의 기존 의료 시스템을 엉망으로 만들 수 있어요. 실제로 에티오피아에서는 안과 진료를 위해 이곳을 방문하는 각국의 단기 해외 의료 봉사팀이 늘어나면서 에티오피아 국내 의과 대학에서 안과를 지원하는 의사 비율이 떨어지는 현상이 나타났습니다. 해외 의료 봉사팀이 정기적으로 와서 무료로 안과 진료를 해주니까 환자들이 에티오피아 안과 의사들을 찾지 않았던 거지요.

최근 몽골 정부는 의료 봉사를 오는 해외 의료 봉사팀에게 돈을 받는 정책을 내놨습니다. 몽골에 의료 봉사를 온 봉사팀이 진료 실적을 쌓고 사진을 찍은 후 귀국해 홍보 수단으로 악용하는 사례가 많았기 때문입니다. 게다가 이들은 몽골의 자체 의료 시스템 발전을 해치고 있었지요. 1~2주의 짧은 시간 동안 머물면서 조급하게 진단하고 처방하는 봉사팀의 진료 행위는 몽골 국민들에게 별 도움이 되지 않았습니다.

이런 문제가 발생하자 세계보건기구(WHO)는 정식으로

해외 의료 봉사에 대한 연구를 진행했는데, 그 결과 단기간의 해외 의료 봉사는 득이 되지 않고 오히려 손해를 끼치는 것으로 나타났습니다.

그렇다면 어떻게 해야 할까요? 어려운 사람을 돕는 것은 마음만으로는 안 되는 일입니다. 공부를 통한 전략이 필요합니다. 아프리카나 몽골 같은 국가의 사회 경제적 배경은 어떻게 되는지 공부하고, 현지에서 가장 실질적으로 사용할 수 있는 보건 의료 시스템을 분석한 다음, 그곳 실정에 맞추어 단계적이고 지속적으로 도울 수 있는 장기적인 의료 봉사 계획을 세워야 합니다.

우리나라에 좋은 사례가 있습니다. 국내의 한 대학 병원에서 의료 서비스가 취약한 동남아시아 국가의 비만 및 당뇨병 실태를 먼저 파악하고, 동남아시아 현지 의료진으로 하여금 비만과 당뇨병을 낮출 수 있는 예방 및 조기 진단 계획을 세우도록 했습니다. 이 대학 병원에서는 동남아시아의 비만과 당뇨병 발병 예방을 위해 5년 넘게 현지 의료진을 지속적으로 돕고 있지요. 동남아시아 현지 의료진의 의료 실력이 향상되면 그에 맞는 의료 장비를 지원하고 이를 잘 활용할 수 있도록 의료진을 교육했습니다. 그 결과 동남아시아 현지의 의료 수준이 높아졌고, 이들의 비만 및 당뇨병 치료 성적도 더욱 높아졌지요.

필수 의료 전문의가 사라지는 이유

모두가 알고 있듯이 의료는 생명과 관계있는 분야입니다. 치료 목적이 아닌 미용을 위한 성형 수술도 잘못되면 생명을 잃을 수 있지요. 그래서 국가에서는 모든 의료 행위를 엄격하게 관리합니다. 그럼에도 불가하고 의료는 생명 유지에 꼭 필요한 분야와 그렇지 않는 분야로 나뉩니다. 생명이 오가는 뇌출혈 수술과 단순히 미를 위한 쌍꺼풀 수술에 똑같은 무게를 둘 수는 없으니까요.

우리나라는 모든 의료 분야를 관리하지만, 그중에서도 생명과 직접적으로 연결되는 필수 의료 분야를 집중적으로 관리합니다. 비용 때문에 생명을 살리기 위한 수술을 못 받는 일이 생기지 않도록 필수 의료에 대해서는 건강보험을 적용해 병원비가 비싸지지 않도록 관리하지요.

반면 미용 목적의 쌍꺼풀 수술에는 건강보험을 적용하지 않았습니다. 쌍꺼풀 수술을 하는 병원에서 비용을 100만 원이든 200만 원이든 마음대로 결정할 수 있지요. 병원 입장에서는 1시간 정도 걸리는 쌍꺼풀 수술을 2건 하는 게 다른 수술보다 돈을 더 많이 벌 수 있습니다. 이렇다 보니 우리나라의 많은 의료진들이 생명과 직접 연결된 위험한 의료 분야보다 위험성도 덜하고 돈을 더 손쉽게 많이 벌 수 있는 피부, 미용 분야를 선택하게 되었습니다.

이와 같은 이유로 생명과 직접적으로 연결된 위험한 수술을 전담하는 외과 전문의 숫자도 크게 줄고 있습니다. 우리나라 인구 10만 명당 신경외과 전문의 수는 OECD 국가 중 2위로 평균보다 3배 넘게 많지만, 대부분 수술 위험도가 상대적으로 낮은 목과 허리디스크 전문의이고 수술 위험도가 높은 뇌수술 전문의는 턱없이 부족한 실정입니다.

우리나라의 뇌수술 전문의 부족은 정부 정책에도 고스란히 나타나고 있습니다. 보건복지부는 응급 뇌수술은 골든타임이 중요한 만큼 지자체별로 권역심뇌혈관질환센터를 운영하고 있는데, 뇌수술을 할 수 있는 신경외과 전문의는 권역 센터마다 단 1명뿐입니다. 뇌수술 전문의 1명이 이곳 센터의 모든 수술을 도맡고 있는 겁니다.

다른 필수 의료 영역에서도 비슷한 현상이 나타나고 있습니다. 어린이를 치료하는 소아청소년과 전문의가 부족해서 종합병원조차도 어린이 응급실을 닫고 있습니다. 심장을

수술하는 흉부외과 전문의의 21퍼센트는 심장 수술을 하지 않고 하지정맥류나 피부 미용 분야에 뛰어들었고, 산부인과 전문의의 상당수가 분만 진료를 포기하고 있습니다. 뇌수술, 분만 같은 필수 의료는 돈이 없어도 치료받을 수 있도록 정부가 가격을 낮게 조정해 오다 보니, 뇌를 수술하고 분만을 진료하는 의사가 쌍꺼풀 수술을 하는 의사로 탈바꿈하는 겁니다. 뇌수술, 분만 같은 필수 의료를 다시 강화시키려면 어떤 방법이 필요할까요? 뇌를 수술하고 분만 진료를 하는 의사가 쌍꺼풀 수술을 하는 의사보다 돈을 더 잘 벌 수 있도록 진료 가격을 올리는 것을 우선 생각해 볼 수 있습니다. 하지만 이것은 응급조치일 뿐인데, 자칫 필수 의료비가 높아져 돈이 없는 사람이 치료를 못 받게 될 수 있기 때문입니다. 필수 의료를 근본적으로 되살리려면 동네병원과 종합병원이 원활하게 서로 도울 수 있도록 의료체계가 정비되어야 하고, 가벼운 질환보다 중증 질환에 보험이 더 많이 적용되도록 건강보험제도가 개선되어야 하며, 의사들이 생명을 중시할 수 있도록 의과 대학 교육도 변해야 할 겁니다. 하지만 무엇보다 중요한 건 돈보다 생명을 중요하게 생각하는 문화가 우리 사회에 정착되는 것 아닐까요?

세계보건기구는 어떤 일을 할까?

세계보건기구(WHO)는 1946년에 설립이 허가되었고 1948년 4월 7일에 정식으로 업무를 시작했습니다. 세계보건기구의 본부는 스위스 제네바에 있지만 아프리카와 동남아시아 등 세계 6개 지역에 지역위원회와 지역사무국을 두고 활동하고 있지요. 코로나19처럼 전 세계적인 감염병이 창궐했을 때 국제적으로 역학 조사를 하고 이를 위해 세계 여러 나라의 협의를 이끌어 내는 국제 공조 업무도 담당합니다. 또 질병의 이름과 뜻을 정하고 이 질병의 예방 및 치료 방법을 연구해 각 나라에 알려 주지요. 예를 들어 '우한 폐렴'이라고 불리던 감염병을 '2019년에 처음으로 인체 감염이 확인된 코로나바이러스 감염증'이라는 뜻을 담은 코로나19(COVID-19, Coronavirus Disease)로 이름을 바꾸고 예방법과 치료법을 소개한 건 세계보건기구가 한 일입니다. 또 암을 일으킬 수 있는 식품이나 화학물질을 발암물질로 분류하는 것도 세계보건기구의 산하기관인 국제 암 연구소에서 담당합니다. 세계보건기구의 대표적인 업적으로는 '천연두 퇴치 프로그램'이 있습니다. 세계보건기구는 오랜 세월 인류를 괴롭혀 왔던 천연두를 퇴치하기 위해 1966년 전 세계적인 천연두 퇴치 프로그램을 시작했어요. 과학자들이 효과적인 천연두 백신을 개발하도록 돕고, 각국에 천연두 백신을 접종하도록 권했으며, 의료 서비스 후진국에는 직접 백신을 공급하고 접종까지 해 주었습니다. 세계보건기구의 이러한 노력으로 천연두가 1980년에 전 세계에서 박멸됐습니다.

　세계보건기구는 고혈압, 당뇨병, 고지혈증 같은 만성 질환을 예방하기 위한 사업도 진행하고 있습니다. 해마다 전 세계 사망자의 64퍼센트, 숫자로는 3천 6백만 명에 이르는 사람들이 심장병이나 뇌졸중 같은 만성 질환의 합병증으로 목숨을 잃습니다. 만성 질환으로 인한 사망자가 2030년에는 5천 5백만 명에 달할 것으로 예측됩니다. 이에 세계보건기구는 2000년에 만성 질환 예방과 관리에 관한 의제를 채택하고 2008년부터 2013년까지 글로벌 행동 계획을 세우고 만성 질환의 위험 요인인 음주, 흡연, 건강하지 못한 식습관, 신체 활동 부족을 관리하기 위한 지침을 개발하고 이를 세계 각국에 보급하고 있습니다. 이처럼 세계보건기구는 인류의 건강과 관련된 모든 분야에 종사하는 각 전문가들의 의견에 귀 기울여 질병을 예방하기 위한 계획을 세우고 이를 실천하는 데 앞장서고 있습니다.

참고문헌

18쪽 : 블링크, 말콤 글래드웰 지음, 69쪽

20쪽 : 제3의 바이러스 2, 로빈 쿡 지음

26쪽 : 피부의 구조와 기능, 대한피부과학회 홈페이지

32쪽 : 한국표준직업분류, 통계청

35쪽 : 제네바 선언, 대한적십자사

45쪽 : 김응빈의 미생물 '수다', 경향신문

45쪽 : 정조실록 54권 (정조 24년 6월 23일 갑술), 국사편찬위원회

47쪽 : 세계에서 가장 오래된 5300년 전 '흑사병 유골' 미스터리, 한겨레신문 (2021.06.03)

48쪽 : 흑사병, 중국 네이멍구서 환자 발생해 경계령 발동, BBC코리아 (2020.07.06)

53쪽 : Gupta: Swine flu affecting people in prime, CNN (2020.04.27)

55쪽 : 감염병 누리집, 질병관리본부

58쪽 : 유대인 이야기, 홍익희 지음, 행성B잎새

60쪽 : 올바른 손씻기, 질병관리청

61쪽 : 검역의 유래, 질병관리청

70쪽 : '코로나19-에크모 적용 기준, 금기 증', 대한심장혈관흉부외과학회

73쪽 : 요요 없는 비만 치료제…'잠', SBS (2022.11.24)

85쪽 : 제네바협약 100문 100답, 대한적십자사

86쪽 : 제49차 유엔 여성차별철폐위원회 회의 결과 보고서, 국제연합(유엔)

87쪽 : 미국연방대법원의 돕스 판결에 나타난 헌법해석 논쟁, 세계헌법학회한국학회

100쪽 : 유전자조작 돼지 심장 이식 둘러싼 3가지 윤리 논란, 동아사이언스 (2022.01.12)

101쪽 : 세계 최초로 돼지 심장 이식수술받은 환자 2개월 만에 숨져, SBS (2022.03.10.)

109쪽 : 노벨화학상, 유전자가위 개발한 두 '여성과학자' 수상, 사이언스타임즈 (2020.10.08.)

110쪽 : 중국 과학자들, '인간 배아 유전자 편집'에 "미친 짓", 연합뉴스 (2018.11.27.)

116쪽 : '인간동물원' 만들겠다던 인공지능, 어디까지 왔나, 한국경제신문 (2019.01.15.)

119쪽 : "졸리가 유방 절제술 했다는데…" 한국 여성은?, SBS (2013.05.21)

120쪽 : '로렌조 오일' 찾아서…지원 못 받는 '희소 난치병', SBS (2016.01.06)

136쪽 : Innovation Fund, 영국 NHS

138쪽 : 주사 한 방에 '20억'…기적의 약, 보험 적용됐지만, SBS (2022.08.23)

146쪽 : 피지에서 비전염성 만성질환 극복을 위한 교육 프로그램 실시, 서울대학교병원

148쪽 : 무너지는 응급의료…"10년 뒤 맹장 터져도 수술 어렵다", SBS (2020.08.16.)

152쪽 : 세계보건기구의 역할, 외교부

그림 출처

38쪽 : Ambroise Pare and Henry II, Collection Gregoire / Bridgeman Image
(https://www.bridgemanimages.com/en/noartistknown/ambroise-pare-and-henry-ii/
nomedium/asset/1784463)